看得见的法治 摸得着的幸福

李勇 著

红旗出版社

红旗出版社
RED FLAG PRESS
推动进步的力量

图书在版编目(CIP)数据

看得见的法治 摸得着的幸福 / 李勇著.
—北京：红旗出版社，2017.11
ISBN 978-7-5051-4351-7
Ⅰ.①看… Ⅱ.①李… Ⅲ.①社会主义法制—研究—中国 Ⅳ.① D920.0
中国版本图书馆CIP数据核字(2017)第273011号

书　　名 看得见的法治 摸得着的幸福
著　　者 李　勇
出 品 人 高海浩
责任编辑 廖晓文　　封面设计 叔冰设计工作室
责任校对 徐　芳　　印　　务 李先珍
出版发行 红旗出版社　　地　　址 北京市沙滩北街2号
邮政编码 100727　　编 辑 部 010-51631925
E-mail hongqi1608@126.com
发 行 部 010-57270296
印　　刷 北京紫瑞利印刷有限公司
开　　本 787毫米×1092毫米 1/16
字　　数 180千字　　印　　张 12
版　　次 2017年12月北京第1版　　2017年12月北京第1次印刷
ISBN 978-7-5051-4351-7　　定　　价 39.00元

欢迎品牌畅销书项目合作　　联系电话：010-57274627
凡购本书，如有缺页、倒页、脱页，本社发行部负责调换。

序　言

记得有一次等待洗车，我把火关了悠闲地听着歌，突然来了一辆车显然打算插队。于是我赶紧把火点着了，紧跟着前一辆车。这辆打算插队的车本来可以排在我后面，我洗完车就该他洗了，结果我后面排队的那辆车都洗上了，他还在队伍外面等着加塞呢！而排队的这些车主本来可以轻松愉快地等待洗车，现在也被他弄得焦虑紧张。如果他加塞成功了，会让其他人心理产生不适感，更恶劣的是如果别人都去效仿他，结果仍是一个多输的局面。这显然不是我们希望看到的结果！

还有一次我坐火车，由于下了大雪，火车晚点了，一位女同志非常焦急，反复追问乘务员：如果赶不上下列火车怎么办？乘务员被问急了，回答“我不知道，你可以出去问外面的乘务员”。这位女同志就一直焦躁不安地在火车上来回走动，搞得整个车厢的气氛都很紧张。当时我想起在德国也遇到一次火车晚点，而那些德国人丝毫不受影响，继续在座位上看书看报。一个小时后，乘务员出来给每个人发了一张表，请大家填写好自己要坐哪趟列车，晚点多长时间，他们就会按照规定赔偿，由此造成乘客赶不上下列火车的话，他们也有相应的保障措施。由此可见，不安的坏情绪通常是制度没有做出明确规定造成的。

我在国内、国外很多地方都讲过法治课，也很受欢迎。讲课内容总结起来，一是讲贴近生活的法治案例，人们能够切实感受得到的事；二是语言上让大家能够听得懂，法治本身并不神秘，是正常人的理性思维，是人类的“初心思维”。大部分人的理想愿望大同小异，都希望生活在一个健康快乐、安全自由、宽容和谐、长期繁荣的现代文明国家。

我走过亚、欧、北美、南美三十余个国家发现，大凡能够带给人安全舒适感觉的国家都是法治运行良好的国家。建设法治中国，每个人都不应该当看客，特别是领导干部，更应该肩负起中国转型的重任。我希望写一本让人们在轻松活泼的语境中能够了解法治的重要原理，一看就懂，在一段旅程中就能够读完，读后就能用得上的法治读本。

习近平同志多次强调，“发挥法治的引领和保障作用，坚持运用法治思维和法治方式解决矛盾和问题”。十九大报告中提到，全面依法治国是国家治理的一场深刻革命，必须坚持厉行法治，推进科学立法、严格执法、公正司法、全民守法。坚持依法治国首先要坚持依宪治国，坚持依法执政首先要坚持依宪执政。领导干部要做尊法学法守法用法的模范，带动全党全国人民一起努力，在建设中国特色社会主义法治体系、建设社会主义法治国家上不断见到新成效。我国战国时期著名思想家韩非子说：“国无常强，无常弱，奉法者强则国强；奉法者弱则国弱。”（《韩非子·有度》）当然，今天我们讲这句话与韩非子的那句话还是有很大区别的，那个时候的法是为老百姓定的法，而现代的法律是给全体社会公民定的法；无论你是普通公民还是国家领导人，都要按照宪法和法律的规定办事，没有人有不受法律约束的特权。

本书尝试探索大国盛衰的规律，特别是与法治的内在关系，为中华民族的伟大复兴提供法治理论基础。全书共分为三篇十三章，第一篇从毛泽东同志著名的“窑洞对”入手，讨论为什么人类社会认定法治才是社会长治久安的基础和保障。第二篇以宪法为支点，探讨人类世界宪法和法治发展的路径。第三篇以现实问题为导向，用生活化的案例，介绍法治的基本原则以及中国法治实现的方式，实现人皆幸福的中国梦。

本书不同于以往法治读物“正襟危坐”式的论述，为配合落实全国“七五”普法活动，建设法治国家，实现公民在法律面前一律平等的基本原则，本书用生动具体的案例，以案释法，以法论事，简单实用，展现法治魅力。中华民族有很多优良传统，有很多聪明的人，通过强化法治思维和运用法治方式解决中国的问题，必将能够实现中华民族伟大复兴的中国梦。

目 录 CONTENTS

序 言 / 001

001 Chapter 1

人类历史为什么会有周期率

为什么历史上总是“政怠宦成” / 005

为什么许多人“求荣”反倒“取辱” / 009

为什么历史上的改革总是“人亡政息” / 013

为什么历史上的王朝总是“兴也勃，亡也忽” / 018

025 Chapter 2

良宪及实施：制止互相伤害的伟大发明

“人”的本性决定需要对权力实施某种约束 / 027

良宪是什么 / 031

宪法的产生与发展 / 045

中国宪法的产生与发展 / 052

071 Chapter 3

中国人从来就不笨，法治没有那么难

中国宪法的产生与发展 / 073

法治思维是依靠科学的制度来解决问题的思维习惯 / 093

法治思维是一种推动社会进步的思维方式，是既不任性也不认命的思维习惯 / 130

法治是系统化的思维习惯和行为方式 / 154

法治看得见，幸福就能摸得着 / 174

人类历史为什么会有周期率

CHAPTER 1

毛泽东曾与黄炎培讨论历史上为什么没有一个专制的王朝能够持久存续。我们知道，中国历史上存续时间最长的王朝是周朝，西周东周加一起约八百年。秦以后，汉朝最长，西汉加东汉也就四百来年。像明清这样存续两三百年的都算长的，还有几十年、十几年、几年的。为什么这些王朝不能持久存在？有没有什么规律让我们引以为戒？有没有什么办法跳出上述历史周期率？

“窑洞对”是有关毛泽东和黄炎培在延安窑洞关于历史周期率的一段对话。“窑洞对”，又称“延安对”，被后人引用为关于政权建设的经典之谈。

在中国共产党执政之前，毛泽东就曾与黄炎培在延安窑洞里讨论过历史周期率这个事情，这就是有名的“窑洞对”。黄炎培说：“我生六十多年，耳闻的不说，所亲眼看到的，真所谓其兴也勃焉，其亡也忽焉，一人，一家，一团体，一地方，乃至一国，不少单位都没有能跳出这周期率的支配力，大凡初时聚精会神，没有一事不用心，没有一人不卖力，也许那时艰难困苦，只有从万死中觅取一生。既而环境渐渐好转了，精神也就渐渐放下了。有的因为历史长久，自然地惰性发作，由少数演为多数，到风气养成，虽有大力，无法扭转，并且无法补救。也有为了区域一步步扩大了，它的扩大，有的出于自然发展，有的为功业欲所驱使，强求发展，到干部人才渐见竭蹶，艰于应付的时候，环境倒越加复杂起来了。控制力不免趋于薄弱了。一部历史，‘政怠宦成’的也有，‘人亡政息’的也有，‘求荣取辱’的也有。总之没有能跳出这周期率。中共诸君从过去到现在，我略略了解的了。就是希望找出一条新路，来跳出这周期率的支配。”①

毛泽东说：“我们已经找到新路，我们能跳出这周期率。这条新路，就是民主。只有让人民来监督政府，政府才不敢松懈。只有人人起来负责，才不会人亡政息。”② 人民群众最痛恨腐败现象，腐败是我们党面临的最大威胁。党的十九大明确提出：只有以反腐败永远在路上的坚韧和执着，深化标本兼治，保证干部清正、政府清廉、政治清明，才能跳出历史周期率，确保党和国家长治久安。

---

① 王振民：《宪法政治：开万世太平之路——中国共产党如何走出历史周期率》，《人民论坛·学术前沿》2013 年第 15 期。

② 陈有勇：《在强化民主监督中凝心聚力》，求是网，2017 年 3 月 8 日。

SECTION 1

为什么历史上总是“政怠宦成”

打天下的是为了得天下；坐天下的为了什么？

纵观古代历史，打天下时或因生活窘迫不得不反，或因怀揣梦想、胸怀野心又赶上时机合适，打着“替天行道”的口号夺权起义。历史上，打天下时的那帮人通常都比较勤奋和谨慎，但当天下坐稳了的时候，就开始谋求自身的利益了。没啥利益可图的就“平平安安占位子，忙忙碌碌装样子，疲疲沓沓混日子”。这时，“庸官”“昏官”“贪官”就出现了。一些大臣是苦孩子出身，最初还勤勤勉勉，但后来却被欲望支配。有弄权专政、指鹿为马的宵小赵高；有杀人取乐、淫乱无度的刘建；有陷害忠良、投敌卖国的秦桧;有富可敌国、善于溜须拍马的和珅。回看历史，贪赃枉法，尸位素餐的官员多如牛毛。

较之大臣，皇帝们就更会“玩”了。杀股肱之臣，比干、伍子胥、岳飞、袁崇焕，哪个不是为主子鞠躬尽瘁，死而后已？结果真的“死而后已”了。一些皇帝“傻傻分不清”，结果空留“靖康耻，犹未雪，臣子恨，何时灭”的遗憾。

陈后主陈叔宝贪图享乐，据说他大兴土木，造起了三座豪华的楼阁，让他的宠妃们住在里面。他与手下通宵达旦地喝酒赋诗，你唱他和，还把诗配上曲子，挑选了一千多个宫女大合唱。而百姓则需要为他的奢华买单，艰难度日，流离失所，到处可见倒毙的尸体。

要说舞文弄墨，就不能不提宋徽宗，字画弄得一级棒。如果专注于艺术，他可能是个杰出的艺术家，可偏偏生在帝王家，当了皇帝。民间起义不断，他最后被金国掳走，还被辱封为昏德公。

史上还有一位慵懒的皇帝——明神宗朱翊钧。朱翊钧 10 岁就继位当皇帝了，年号万历。朱翊钧在位 48 年，是明朝在位时间最长的皇帝。万历前十年，大学士张居正辅佐神宗处理政事，社会经济发展较好。神宗 20 岁时，张居正逝世，神宗开始亲政，有一段时间还能勤于政务，但越来越觉得皇帝不好做。当皇帝不仅要对老百姓负责，更要受身边那些人的约束，对的事情不一定能干得成，官僚集体利益又要考虑，哪有吃喝玩乐来得痛快。于是，明神宗毅然决然选择了玩。据说，他经常喝得酩酊大醉。手下们上行下效，朝野上下，常常通宵达旦恒舞酣歌。皇帝的好日子往往要老百姓来买单，毕竟皇帝要维持神仙般的日子就得收税敛财。明神宗派矿监、税监到全国各地去搜刮财宝，“明珠、异宝、文毳、锦绮山积，赢羡亿万计”（《明史·诸王五》）。这些钱财不入户部的国库，而归入内帑，就是皇帝的私库。据说他爱“吸大烟”，玩“变童”。当时宫中有“十俊”，就是十个聪明俊秀的小太监，“给事御

明神宗朱翊钧，明朝第十三位皇帝。隆庆六年（1572年），穆宗驾崩，10岁的朱翊钧即位，年号万历，在位48年，是明朝在位时间最长的皇帝。

前，或承恩与上同起卧”。

作为皇帝，私品不好也就算了，能干也行啊。而事实是，无品无能之辈也不少。晋惠帝执政时期，赶上一年发生饥荒，百姓没有粮食吃，只得挖草根，食观音土，许多百姓因此活活饿死。消息被迅速报到了皇宫中，晋惠帝坐在高高的皇座上听完了大臣的奏报，大为不解。“善良”的晋惠帝很想为他的子民做点事情，经过冥思苦想终于悟出了一个“解决方案”，曰:“百姓无粟米充饥，何不食肉糜？”意思是说，百姓肚子饿没米饭吃，为什么不去吃肉粥呢？由此可见其愚蠢到何种地步。

纵观古代历史，当一个朝代刚刚建立时通常会出现一段时期的繁荣。皇帝和大臣用心办事，因为在这个时候他们的地位并不稳固，他们办好事归根到底仍是为了自己上位，为自己办事，但到了后期位子坐稳了，就渐渐地遗忘了“初心”，开始征收苛捐杂税、横征暴敛、贪污腐化。

历史上制定规则者不遵守规则，遵守规则者不制定规则，皇帝和大臣们没有动力为自己套上枷锁，渐渐“官怠宦成”。毛泽东说过，民主是解决这一问题的办法，更细致地说，代议制民主是解决这一问题的首要办法。人民是历史的创造者，必须坚持人民主体地位。十九大报告中指出，要支持和保证人民通过人民代表大会行使国家权力。发挥人大及其常委会在立法工作中的主导作用，健全人大组织制度和工作制度，支持和保证人大依法行使立法权、监督权、决定权、任免权，更好发挥人大代表作用，使各级人大及其常委会成为全面担负起宪法法律赋予的各项职责的工作机关，成为同人民群众保持密切联系的代表机关。

SECTION 2

为什么许多人“求荣”反倒“取辱”

“热脸”为啥总奔着“冷屁股”使劲？什么在助长这种现象？

“热脸去贴冷屁股”这句话往往用来形容人的奴性，如果我们再去看历史，不仅仅是中国，哪个国家都一样。一些人为了金钱、为了官位，面对权贵溜须拍马，丑态百出。他们不会感到不适吗？不会感到羞辱吗？当然会！答案是肯定的。那为什么还有那么多人这样做？如果是个别现象，我们可以说是个别人自己的问题。但如果这种现象在不同时期不同地方频繁出现，那么，这就决不是种族或者民族的问题，很可能是制度出了问题。

我们看到，王朝历史上有能力的人通常会把精力放在博取功名上。攫取权力是大部分人，特别是读书人人生价值的主要取向。这是因为，社会制度实际上在直接或者变相地鼓励人们当官，所

“学而优则仕”出自《论语·子张》，“子夏曰：‘仕而优则学，学而优则仕。’”在清末废除科举制度前的中国传统社会，“学而优则仕”一直是学子士人的人生信念，他们确信只要把儒家圣贤所传之道领悟透彻，便可进入仕途，从政为官。

谓直接，因为社会资源的拥有者都是官员，使人们觉得“万般皆下品，唯有读书高”，绝大多数知识分子的归宿只能是进入官场，把主要精力集中于指导君主如何统治百姓，谋求一官半爵以光宗耀祖，体现人生价值。孔子说：“学也，禄在其中矣。”其学生子夏则更直接：“学而优则仕。”只有那些拿不到功名的知识分子才被迫转而投入科学研究。

职位的有限性决定了竞争的惨烈程度，不付出更多的代价，怎么能见到“彩虹”？一些人为了当官可谓不择手段，送钱事小，送老婆、送小妾、送女儿的都大有人在。宋朝有个叫程松的人，为讨权臣韩侂胄的欢心，甘愿将自己小妾献出，并为其取名“松寿”，取祝愿韩侂胄长寿之意。

史书记载，宋神宗时期，有一大批官员，借着变法之机，附和新法，投靠执政的王安石。当时的官员们找王安石办事，“有日至而夜不出者，有间日而至者，有安石据厕而见之者”。有个叫崔公度的小官，为得到升官机会，特献《熙宁稽古一法百利论》一文以邀功，甚至王安石上厕所亦尾随，轻执王安石衣服尾带，王安石大惑不解，他反倒落落大方言道：“相公带有垢，敬以袍拭去之尔。”可见阿谀奉承到何种地步！

王安石，字介甫，号半山，汉族，临川（今江西抚州市临川区）人，北宋著名的思想家、政治家、文学家、改革家。

在当时的社会环境中不当官没地位、没尊严，人都不傻，谁也不愿意过没人格尊严的生活，自然就会选择当官。李时珍三次科举不中，用功过度差点丧命，于是当大夫了；宋应星五次科举不中，于是写《天工开物》去了；徐霞客也是多次科举不中，于是出门玩了，玩好了就写游记了。试想会有多少像李时珍、宋应星、徐霞客这样的人才因为中了科举而丧失了创造能力，没能成为一代名家。

明朝开始八股取士，八股取士有什么特点？不能有自己的思想，不能有创新，否则一定考不中。考试只限四书五经，答卷的文体必须按照死板的形式，分成八个部分，从内容到形式严重束缚了应考者，结果使许多读书人埋头攻读经书，学到的根本用不上，说的话千篇一律，要么假话、要么空话、要么废话、要么故作高深讲谁都听不懂的话。他们做了官，顺理成章成为顺应皇帝的奴仆。专制社会统治的时间一长，庸官就多了。官员没有与民沟通的愿望和对国家发展有利的执政动力，主要关心自己的利益。但“官儿”的有限性决定了不会所有人求荣得荣，恰恰相反，求荣取辱者大有人在。

清官难功成，庸官也难善终。秦桧、石崇、刘瑾、和珅，这些耳熟能详的贪官也都没能得到善终，社会不依赖于科学的制度来治理，人治社会治人者终被人治，岂不哀哉？

SECTION 3

为什么历史上的改革总是“人亡政息”

最高统治者是谁很重要，而归根到底仍然是眼巴巴地期待着好皇帝，不幸的是好皇帝没那么多。

人类历史中，从没有中断过对旧事物、旧做法、旧秩序及旧制度的局部或根本性调整。有时是改掉不合理的，使社会逐渐完善，也就是我们今天所说的改革；当社会矛盾激化，而阻力过大或者改革各方无法形成妥协时，就爆发了革命。在古代历史上，改革即便成功了，社会取得了一定的发展，最终往往也很难逃脱“人亡政息”的命运。

中国最早的法制化改革是春秋时期郑国子产发起的“铸刑鼎”的改革。改革的第一年，由于人们因循守旧，也触动了某些人的私利，所以人们群起而攻之，恨不能把子产杀了。但经过三年，子产的改革给人们带来了大大超过以前的实惠，人们对子产由怨恨变成了拥护，甚至开始歌颂他:“我有子弟，子产诲之;我有田畴，子产殖之。子产而死，谁其嗣之！”意思是，子弟受到子产的教诲，田地产量增加了，生活变好了，百姓自然唯恐这样的好官早死，

子产

铸刑鼎

子产，春秋时期郑国人，杰出的政治家、思想家，堪称“春秋第一人”。子产从政后，在郑国进行了内政改革。其中“铸刑鼎”是子产改革的一件标志性事件，打破了古代中国的法律秘密主义。

怕他死了以后没有人坚持他的好政策。

子产的改革本来是成功的，成效是巨大的，却遭到了晋国叔向的指责，说“民知有辟，则不忌于上”。意思是说，国家法律应该保密，不应该公之于众，因为一旦平民百姓也知道法律规定的具体内容，就不会俯首听命于官员贵族，这些人也就失去了威严；而人们知道了法律，就会维护自己的权益，与官府与他人依法进行争辩，就会造成种种争端，犯法的人也就会多起来。叔向还预言郑国就要完蛋了。在子产改革七八年后，又有突出成就显现出来的时候，叔向还闭眼不看事实，一味指责子产不该公布法律内容而放弃“礼”的说教。对这种顽固守旧、盛气凌人的做法，子产不客气地回答说“吾以救世也”，与后世王安石“天命不足畏，祖宗不足法，人言不足恤”的改革决心如出一辙。事实上，到公元前 522 年（郑定公八年）子产去世，郑国一直被治理得很好，周旋于晋楚两霸之间，处置得宜，维护了郑国的利益和尊严。然而子产死后，郑国渐渐丧失优势，走向没落，最后被韩所灭。

战国末期，法制化改革更是成为社会主流。其中最成功的当属商鞅变法。变法的核心是将百姓的利与国家的利结合在一起，为社会增添了活力，使秦国从弱国变为了最强的国家并消灭六国而一统天下。但十几年后，秦朝就灭亡了。

历史上一直不乏有识之士，有责任、有智慧、有担当，但即便有的改革成功了，到最后也没有避免人亡政息的悲剧。张居正是对专制社会弊端进行改革的集大成者。到了明朝，中央集权以及君主专制日益加强。但是对于权力，皇帝不能自己都行使，又对谁都不信任，只能依靠身边的太监，而太监既没有知识上的顾忌，也没有道德上的束缚，还没有“后顾之忧”，一旦把持朝政，就会搞得一团糟。

到了明朝末年，战争频发，民不聊生，总体而言，内忧外患。1568 年张居正着手改革，改革内容主要包括以下几个方面：第一，“省议论”。因为当时很多人只动嘴，不干事，没干先说难，干啥事都觉得难。因此改革要求少说空话，多干实事。第二，“振纲纪”。要整肃纲纪，严明法律，做到有法可依、有法必依、执法必严、违法必究。第三，“重诏令”。当时权力一收就死，一放就乱，特别是地方官员徇私枉法。于是改革要求令行禁止，提高效率，地方得听中央的科学决策，不能说一套，做一套。第四，“核名实”。当时社会阶层严重固化，能够进入体制当官的不是“官二代”

张居正，字叔大，号太岳，汉族，幼名张白圭。江陵人，时人又称张江陵。明朝中后期政治家、改革家，万历时期的内阁首辅，辅佐万历皇帝朱翊钧开创了“万历新政”。

就是“富二代”，其中很多人不学无术，因此改革规定进入体制的人也要考试，选拔杰出人才。第五，“固邦本”。轻徭薄赋安抚民众，重税解了一时之渴，种下的则是长期的苦果。国家要把一部分利益让渡给社会，减轻老百姓的负担，适度藏富于民。第六，“饬武备”。张居正发现在那个时代，政权不是依赖于老百姓而建立起来的，思想上依赖于“神化”，现实中依赖于武力。当时军队作为国家政权稳定的主要依靠，往往比地方腐败还严重，战斗力大幅度下降。因此张居正改革军事，好好训练，准备打仗。

在张居正的改革下，明朝出现了万历中兴，二三十年没打大仗，缓和了社会矛盾，改变了明朝中期积贫积弱的局面。然而张居正一死，他的改革制度就被推翻，他得罪的人挖了他的祖坟，杀了不少他家的亲戚和支持者，明朝也慢慢走向灭亡。张居正改革的失败，与官员腐败并已形成利益集团，不愿让出既得利益，也没有远见，看不到改革有利于他们的长远利益。改革的时机一旦错过，百姓由充满期待到不再相信政府能够改革，最后出现改朝换代的局面。

是法治不行还是法治有漏洞？周期率作为历代王朝的铁律怎么能够被打破？我们看到，“人亡政息”的关键在于改革一直是依赖于人，特别是依赖于最高统治者的支持，这些举措也没有通过反映人民利益的法律固定下来，没有所谓的人文启蒙、权利意识觉醒，民众只是被动的接受者，没有民众参与并支持，更没有涉及王权的改革。而人天然具有易变性，人变了，规矩也就变了。

为什么历史上的王朝总是“兴也勃，亡也忽”

没有一套有效的制度持久地保护、协调人民利益；没有一套有效的制度能够周期性监督皇帝和官员的行为；没有一套有效的制度能够公允地取舍和判断人民的利益。

历史上的王朝与人民的利益绑在一起则“兴”，背离人民的利益则“亡”，但人民的利益需要通过一个有效的途径表达出来，反映出来。历史上没有一套有效的制度能持久地保护、协调人民利益；没有一套有效的制度能够监督皇帝和官员的行为；没有一套制度能公允地取舍和判断人民的利益，所以，一个朝代“兴也勃，亡也忽”。

立法上的问题

当一个国家的皇帝想要称王图霸时，他会把一部分利益让渡给老百姓，因为国家对民众有所求。减少老百姓负担，给钱、给粮、给地，通过立法的形式把国家的发展与百姓的利益勾连在一起，老百姓便愿意为之奋斗。但人总是希望自己的生活越来越好，这是本性。当皇帝坐稳了江山的时候就忘记了江山是老百姓给的，于是就开始剥夺老百姓的利益，开始增加徭役赋税，当初许诺的钱要回去了，地要回去了。所以，从法治的意义上来讲，形成周期率的原因之一就是老百姓参与不到立法决策中去，自己的利益没有代言人。在那个时候，法律不会经常性永久性地保护百姓的利益，因此百姓只能期望遇到问题的时候，具体的办事官员，也就是过去说的县官、巡抚等地方官员，能凭借个人良知，秉公执法，也就是主要依靠人的力量，而不是法的力量。可见，老百姓的利益诉求能够持续在立法中得到表达是防范历史周期率的重要办法。立法法特别强调，立法应当体现人民的意志，发扬社会主义民主，坚持立法公开，保障人民通过多种途径参与立法活动。

司法上的问题

中国古代历史上有一个非常坏的制度设计，地方上行政司法不分。官员既是地方的最高行政长官，又是地方的最高司法官，所以一旦老百姓的利益受到侵犯的时候，老百姓想去告状是没门的，他会发现侵犯他利益的恰恰就是地方行政长官的支持者或者亲戚，甚至是地方行政长官自己。于是百姓通常选择不在当地直接申诉，而是选择上访，这是聪明人的办法。可是皇上解决不了所有问题，因此通常制定很严格的上访程序，滚个钉板啥的，上访的人活不了皇上就省事了。

古代老百姓解决矛盾主要期待“三公”，首先是“包公”，“包公”在人们心目中的形象近乎完美，人们期待像包公那样既能大义灭亲又敢杀权臣甚至皇亲国戚的正直官员。但是由于没有现代的分权制度，绝大部分裁判官都没有实力作出这样的裁判，因此像包公那样的少之又少；逼不得已，人们开始向往“宋公”，采用暴力的方式反抗，但毕竟能力有限，上梁山得会功夫有胆量，也是少数人的选择；前两条路走不通了，最后人们又寄希望于“济公”，希望依靠超自然的力量来解决问题，于是迷信就产生了。再加上百姓利益普遍受损，社会动乱就产生了，什么黄巾军、白莲教、太平天国就出现了。百姓的愤懑压抑到了一个爆发点，社会就发生了突破性的、革命性的变化。而这不是现代社会应该拥有的状态。社会的矛盾没有通过制度的方式得到有效消解，反而鼓励了人们愚昧、无知和暴力的行为。当然，每一次改朝换代给人们带来的都是无尽的苦难。这也是为什么一个朝代会受“兴也勃，亡也忽”的历史周期率影响的另一重要原因。

执法上的问题

古代一些官员们当官当久了，就成了“老油条”，无利不起早，谁给的钱多就给谁办事。清朝国史馆总纂恽毓鼎在1908年的日记中写道：“时事日非，而京朝官车马衣服，酒食征逐，日繁日侈。”当时的官场“非攀裙带则无以任官”，“京官无不嗜财”，“无一事

包公

包拯，字希仁，北宋名臣，廉洁公正、立朝刚毅，不附权贵，铁面无私，且英明决断，敢于替百姓申不平，被称为“包青天”。

宋公

宋江，字公明，施耐庵所作古典名著《水浒传》中的第一号人物，为梁山起义军领袖，常救人于危难时刻所以又号“及时雨”，人称“孝义黑三郎”。

济公

汉族民间信仰之一，旧时冰窖业、杂技业所崇拜的行业神只。济公原名李修缘，南宋高僧，后人尊称为“活佛济公”。

非因贿赂而成，无一官非因贿赂而进”。当然，官员层层盘剥下的老百姓往往是最后的“接盘侠”，马克思主义者说过，哪里有压迫哪里就有反抗，不甘于被压迫这是人的本性，最终，人心安得不去，大乱安得不兴！

人的培养

如果没有国际化，中国人就活在自己的地盘上，即使裹着小脚，下跪磕头，也没人觉得不合适，谁愿意怎么管理都可以。可是到了近代，我们不得不和其他国家进行竞争，这就使得我们必须变得更加聪明，变得更有创新力。而传统的与专制社会相吻合的教育方式是“套子式教育”，必须把人按照这个模子套进去，谁不进去谁就被淘汰，统治者不希望人们变聪明，因此往往使人们接受一种理念，甚至要求“存天理，灭人欲”。人欲如果真的都被灭了，社会还会进步吗？学校教育偏重于政治和伦理道德，轻视自然科学和人性自身的张扬与发展，封建社会的奴化教育严重阻碍了科技的发展，而曾经发展落后的欧美改变了教育方式，这也是其后来赶超中国的重要原因。教人变成没有思想的奴隶，好处是听话，坏处是能听你的话也能听别人的，一旦他们的利益大范围受损，另一种类似宗教的东西就会迅速支配他们“浆糊”一样的头脑，随之一轮新的社会动荡就开始了。

纵观历史，良人政治会带来国家的一时繁荣。在整个中国古代社会发展史中，中央集权、王权至上鲜有被怀疑，即使偶有“王侯将相，宁有种乎”的质疑，以及“水能载舟，亦能覆舟”的执政思考，但其目的仍然是当上或当好“王侯将相”，而不是还政于民。没有还政于民，老百姓的利益就需要依赖于好的统治者，而即使好的统治者也不可能时时事事英明，一生不犯大错，于是就产生了很多扭曲人性而设计的制度来维护这套体系，治乱循环就在历史上不停地上演。

杜牧的《阿房宫赋》讲得好："灭六国者，六国也，非秦也。族秦者，秦也，非天下也。嗟乎！使六国各爱其人，则足以拒秦；使秦复爱六国之人，则递三世可至万世而为君，谁得而族灭也？秦人不暇自哀，而后人哀之；后人哀之而不鉴之，亦使后人而复哀后人也。"

良宪及实施：制止互相伤害的伟大发明

CHAPTER 2

没宪法的国家，权利和自由属于少数人，人民扮演着受压迫者的角色，根本谈不上权利和自由；而宪法得到实施后，人们的各项权利更会有所依仗，权利的界限也更加明朗；国家的权力在制度的笼子里既有行使权力的自信又时刻被宪法所限制；特权意识渐渐没有了市场，规则意识逐渐兴起；身边的机会主义慢慢减少，人们会变得更加平心静气、安静祥和、热情包容、讲理负责，不认识的人见面打招呼、互相考虑对方利益将在宪法实施之后不太遥远的未来得到更为全面的实现。

SECTION 5

“人”的本性决定需要对权力实施某种约束

人性是善是恶很难得出明确的界定，但是我们看到：只要环境提供了一个做坏事的机会，总会有人做坏事，而这正是我们要着力避免的。

为什么要制定宪法？讨论这个问题前我们需要首先了解“人”。我们的祖先为人性到底是善还是恶讨论了几千年。即便是今天，我们也很难对这么复杂的人性做出明确的界定，但是，我们不难发现：只要环境提供了一个做坏事的机会，总会有人做坏事，而这正是我们要着力避免的。

我曾经上过一节叫做“法治大电影之人性、权力与制度设计”的讨论课。首先放一部根据美国著名心理学家菲利普·津巴多所做的社会学奠基性实验之一“斯坦福监狱实验”改编的电影。他们在斯坦福大学心理学系大楼地下室的模拟监狱内，进行了一项关于人类对囚禁的反应以及囚禁对监狱中的权威和被监管者行为影响的心理学研究。充当看守和囚犯的都是斯坦福大学的在校大学生志愿者，他们都是人格被测试为正常的人。然后随机抽出一部分志愿者作为看守，一部分饰演囚犯。志愿者们都说他们更愿意饰演囚犯，因为他们无法想象自己毕业后会去做看守，但他们可以想象自己是在坐牢，并以为可以从这一经历中学到一些东西。志愿者们还被告知，如果被分派去饰演囚犯，他们可能会被剥夺公民权利，并且只能得到最低限度的饮食和医学护理。那些将饰演囚犯的志愿者被告知在某个周日等在家里。在那一天，令他们感到吃惊的是，他们被真的警察“逮捕”了，随后被带到斯坦福大学心理学系地下室的模拟监狱。

第一天，大家还算正常。但随着管理者需要树立权威并渐渐不受控制，各种侵犯人权的事件包括男性间的性侵开始出现，相互间的对立情绪也逐渐明显。看完这个电影，绝大多数学员结合自身的经历，提出人具有自利化的倾向，更确切地说，在环境或制度允许的情况下很可能去办坏事。

人可能在环境激励下变“坏”，这个观点在另一个著名的社会学实验米尔格拉姆实验中也同样得到了验证。米尔格拉姆实验，又称权力服从研究，实验开始于 1961 年 7 月，也就是纳粹党徒阿道夫·艾希曼被抓回耶路撒冷审判并被判处死刑后的一年。米尔格拉姆设计了这个实验，便是为了测试以下问题：“艾希曼以及其他千百万名参与了犹太人大屠杀的纳粹追随者，有没有可能只是单纯地服从了上级的命令呢？我们能称呼他们为大屠杀的凶手吗？”

实验小组告诉参与者，这是一项关于“体罚对于学习行为的效用”的实验，他将扮演“老师”的角色，教导隔壁房间的另一位参与者——“学生”，然而“学生”事实上是由实验人员假冒的。“老师”被给予一个据称从45伏特起跳的电击控制器，用于教导隔壁答不对问题的“学生”。老师会逐一朗读这些单字配对给学生听，朗读完毕后老师会开始考试，每个单字配对会念出四个单字选项让学生作答，学生会按下按钮以指出正确答案。如果学生答对了，老师会继续测验其他单字。如果学生答错了，老师会对学生施以电击，每逢作答错误，电击的伏特数也会随之提升。参与者将相信，学生每次作答错误会真的遭到电击，但事实上并没有真的进行电击。在隔壁房间里，由实验人员假冒的学生打开录音机，录音机会搭配着发电机的动作而播放预先录制的尖叫声，随着电击伏特数提升也会有更为惊人的尖叫声。当伏特数提升到一定程度后，假冒的学生会开始敲打墙壁，而在敲打墙壁数次后则会开始抱怨他患有心脏疾病。接下来当伏特数继续提升一定程度后，学生将会突然保持沉默、停止作答、停止尖叫和其他反应。

到这时，许多参与者都表现出希望暂停实验以检查学生的状况。许多参与者在到达135伏特时暂停，并质疑这次实验的目的。一些人在获得了他们无须承担任何责任的保证后继续测验。一些人则在听到学生尖叫声时有点紧张地笑了出来。若是参与者表示想要停止实验时，实验人员会依以下顺序回复他：

请继续。

这个实验需要你继续进行，请继续。

你继续进行是必要的。

你没有选择，你必须继续。

如果经过四次回复后，参与者仍然希望停止，那实验便会停止。否则，实验将继续进行，直到参与者施加的惩罚电流提升至最大的 450 伏特并持续三次后，实验才会停止。

在进行实验之前，米尔格拉姆实验组曾做预测，他们认为只有 10% 的人，甚至是只有 1% 的人，会狠下心来继续惩罚直到最大伏特数。结果在米尔格拉姆的第一次实验中，65%（40 人中超过 27 人）的参与者都给予了程度最高的 450 伏特惩罚——尽管他们都表现出不太舒服；每个人都在伏特数到达某种程度时想要暂停并质疑这项实验，一些人甚至说他们想退回实验的报酬。没有参与者在到达 300 伏特之前坚持停止。后来米尔格拉姆自己以及许多其他国家的心理学家也做了类似或有所差异的实验，但都得到了类似的结果。

我们的人生经验、历史认知，以及津巴多监狱实验、米尔格拉姆实验，还有许多类似的社会学实验，都清晰地告诉我们，不要轻易考验人性，因为结果可能会让人很震惊。那么基于这样的考虑，治理国家我们到底该怎么办？

SECTION 6

良宪是什么

历史经验表明，一个国家想要长治久安，靠神、靠人、靠武力，这些都靠不住，那么到底要靠什么？

过去某政法大学里有个雕塑，下面是一部宪法，上面是个地球，表明文明的相通性及承载性，被法学界笑称“宪法顶个球”，后来雕塑被拆了，人们说，现在“连球都不顶了”。但今天，宪法不但要成为实现“中国梦”的基础，还要变成信仰。党的十八届四中全会提出，将每年十二月四日定为国家宪法日，国家不但设立了一个特殊的纪念日，还规定公职人员等一些岗位在就职的时候要对着宪法宣誓。那么，宪法是什么？宪法的力量来源于哪里？

宪法的根本性和重要性，主要体现在四个方面：第一，确立了国家政权的合法性，是国家与公民关系的总契约；第二，宪法内容涉及公民最重要的权利以及国家政治制度的基本设计，是治国理政的总章程；第三，宪法体现了人类的最高理性，具有最高的法律效力，是国家的根本法；第四，宪法是实现人皆幸福的一整套科学的制度安排。

宪法是国家与公民关系的总契约

我们知道，从古至今，任何一个政权都需要证明自己的合法性，为什么？因为它要解决凭什么老百姓要接受它的管理。在古代社会，中外概莫能外。那么，证明“合法性”的问题都交给了谁呢？神！因此中国的皇帝又称为“天子”，太监念圣旨的时候都要先说“奉天承运皇帝诏曰”。他为什么不直接说皇帝说什么呢？因为要告诉人们，皇帝是上天派来的，这是古代政权合法性的来源。要想拥有最高权力，都得找上天或好的血统当“老爸”。一个“草根”想要当上皇帝，都必须跟“天”找到某种联系，找个异象。比如刘邦为了证明自己是真命天子，他的统治具有合法性，就说自己是母亲和龙生的孩子。《汉书• 高帝纪》记载：其母有一次在水塘堤坝上闭目小憩，梦与天神不期而遇。逢上雷电交加，天色阴暗，其父太公到塘坝接应其母，只见一条蛟龙盘于母身。随之就怀孕了，生下了汉高祖。这可能吗？当然不可能，这只是在那个社会状态下，说服百姓信服自己统治权的一种手段。再比如朱元璋，说他出生时，红光满天，街坊邻居都以为老朱家着火了，结

朱元璋，幼名重八，参加农民起义军后改名元璋，字国瑞，元末农民起义军首领，明朝开国皇帝，史称明太祖，卓越的军事家、战略家、统帅。

果朱元璋生下来了，由此证明他注定要当皇帝。这些人咋不说，谁的武力强谁就该坐天下呢？他们可没那么傻，那不是鼓励别人攒武力、拼实力，推翻他的统治吗？通过这些方式，古代的帝王完成了他们从人到神的转换。他们想表明的是老百姓都是普通人，而自己是神的后代，普通人哪能比得过神啊！这样一来，统治就相对稳定了。除了中国，外国也一样。最初也是通过神赋予权力这种方式来处理统治合法性的问题。他们叫“君权神授”。就是还得有个神，神把权力授给世俗的国王，也正因为如此，古代欧洲宗教势力和世俗的国王为争夺权力经常起冲突。

但是依靠这种办法建立起合法性总归不太靠谱。当人民利益普遍受损的时候，通常被描述成“横征暴敛，民不聊生”，这就是前奏，然后历史上总有聪明人或者野心家说自己也是上天的娃，来替代现在的统治者，以神反神。“苍天已死，黄天当立”，这是东汉末期黄巾起义军所使用的口号。意思是说，你那个天太坏了，已经死了或者该死了，该轮到我了，黄天当立了。元末有人在河道里埋设独眼石人，石人背刻“莫道石人一只眼，此物一出天下反”，被挖出来后一部分老百姓就会跟着“造反”。连梁山好汉那帮“粗人”都鼓捣一块天降陨石，上面刻着“蝌蚪文”，谁都不认识，然后找个老道解释成“替天行道，忠义两全”，一百零八将座次上天都排好了，免得谁前谁后有争议，给自己改朝换代或者管理提供证据。所以，即使是古代，用上天授权这套办法也不保证时时刻刻都能忽悠得了百姓，更不能保证社会不动乱，政权不被颠覆。更何况在科学发达、思想昌明的今天，能被这种荒谬的言论忽悠住的更是少之又少了。

黄巾之乱，是中国东汉晚期的农民战争，也是中国历史上规模最大的一次宗教形式组织的暴动。

靠武力打天下但不能靠武力坐天下；靠神也不会真的得到神的庇佑。历史上这些办法都行不通，只有权力掌握在人民的手中，人民成为国家的主人，来管理属于自己的国家，这才最靠谱。

世界上的宪法前几条中通常有一条规定，“国家的一切权力属于人民”，政府与公民之间缔结了一个契约，政府来代表人民管理国家，保证人民的利益。宪法正是这个总契约，在这个契约里，国家有义务保护公民的权利，实现社会公平和人民幸福，公民有义务接受治理，遵守规则。这个逻辑不能乱，国家为人民服务，人民接受治理。公民不可能推翻一个自己掌权又保护自己利益的政权。

宪法是国家与公民关系的总契约，这也是现代国家合法性的来源，是一个国家长治久安的基础。对于人类为什么制定宪法，日本知名宪法学者杉原泰雄说得好，“宪法是对充满苦难的生活经验的批判和总结……宪法的历史充满了人类在各个历史阶段中为摆脱生活上的痛苦而显示出来的聪明才智。我们学习宪法就是为了学到这些聪明才智，为了避免失败而未雨绸缪”。

解决了政权的合法性问题，接着就是国家的治理问题。那么这时候，宪法还是什么呢？宪法是治国安邦的总章程。

宪法是治国安邦的总章程

为什么宪法能治国安邦？著名哲学家波普说：“我们需要的与其说是好的人，还不如说是好的制度，我们渴望得到好的统治者，历史的经验向我们表明，我们不可能总找到这样的人，正因为这样，设计一种即使出现坏的统治者，也不会给社会和百姓造成太大损害的制度是必要的。”而宪法正是通过平衡权力，防止国家权力滥用，通过科学的制度使人们不会受到国家、集体和他人权力的侵害。它通常规定了国家最顶层的制度设计，规定了人之为人的那些不该受到侵犯的权利，包括民主、自由、平等、人的尊严等人类最美好的向往。公民的权利不会受到来自国家、集体、他人的侵犯，人们就能够活得简单幸福，一个国家就会长治久安，一个社会就会生机勃勃，充满活力和创造力。

没有宪法之前什么样？社会基本上就是“狭路相逢勇者胜”，赢者通吃，走别人的路让别人无路可走。换个皇帝，换组人马，继续重复昨天的故事。社会不公平是常态，得利的总是不考虑他人利益和不按照规则办事情的人，在这样的社会里，好人就会越来越少，坏人就会越来越多。社会变得没有公平正义，没有规则，没有底线，每一个人都是失意者，主要是普通老百姓，也可能是玩弄权术的人。社会中大多数人活得都很不幸，友谊的小船说翻就翻，互相伤害是常态。这时人们便会寻找信仰，希望此生的逆来顺受，能换取来生的幸福生活。人们忍受着压迫，疲于奔命，哪还有什么创造性呢？没有国际竞争，这样的状态比较稳定也就罢了，一有竞争，本国的劣势就显现出来了。

以当今法律所保护的平等权为例，人类历史上曾经一度建立了不平等的社会制度，为了维护这套制度体系，特别强调血统。龙生龙、凤生凤，老鼠的儿子会打洞。特权者妄图把自己永远固定在“龙”和“凤”的位置上，特权社会是一个扭曲的社会。特权者享受、炫耀、维护特权，被管制者想方设法挤进特权阶层，渴望享受特权带来的种种好处，而且为了得到这种特权不惜放弃人的尊严，形成所谓的“奴性”。历史上媚上者必压下，人的尊严总要找到一个平衡，压下者再压下，不满和愤怒犹如流感层层传递，社会底层的老百姓无处发泄，就会找机会把不满发泄给社会，就形成了特权社会的互相伤害。更为可怕的是，当人们不再看重人的尊严时，今天他可以对你谄媚，明天第一个对你下手的人也可能就是他。从某种意义上讲，过分“爱面子”正是尊严得不到制度保障后的一种过度反应。

特权社会是身份社会，强调身份而非公平；特权社会是熟人社会，要想办成事必须要积累人脉，便于求人和交换资源；特权社会是缺乏信任的社会，人心隔肚皮，做事两不知；特权社会是一个创造力低下的社会，被压迫者显然很难成为有创新能力的人；特权社会注定是个互害型社会，为了争取特权人们相互倾轧，久而久之，社会道德滑坡，社会秩序失范，妄图把他人踩在脚底下，就很可能被他人踩在脚底下；特权社会也是非稳定社会，马克思主义者说过，哪里有压迫，哪里就有反抗。历史上从来没有独霸资源而不被推翻的阶级和团体。特权对于它的拥有者来讲是一剂“春药”，使用起来好，但长期而言是祸害。我们党来自人民、植根人民、服务人民，坚决反对特权思想和特权现象。党的十九大明确提出，“各级党组织和全体党员要带头尊法学法守法用法，任何组织和个人都不得有超越宪法法律的特权，绝不允许以言代法、以权压法、逐利违法、徇私枉法”。这才是宪法思维。

纵观历史，在不平等的有压迫的社会中，下层社会的人是没有尊严可言的。不平等往往是社会动荡的根源。马克思主义认为，随着生产力的发展，生产工具的进步，出现了一定的富裕产品，但是在奴隶制生产关系下，奴隶主既无偿占有所有劳动成果，又压制了社会进步，因此，奴隶社会必然解体。人类历史上存在剥削的社会大多如此，近现代南非种族等级制也是一个很好的样本。一些人读托克维尔写的《旧制度与大革命》，得出结论：改革会引发革命。其实，不是改革触发了革命，而是改革不彻底很容易爆发革命。该书作者描绘了人们在改革后开始有了为自己利益而奋斗的意识，另一方面国家之手仍然无处不在，仍然不懂得“简政放权”，这便形成一对无法调和的矛盾。托克维尔是个了不起的“预言家”，他在《论美国的民主》中曾预言美俄会成为世界大国，美国南北必有一战，美国人会变好，民主国家对内软、对外硬，等

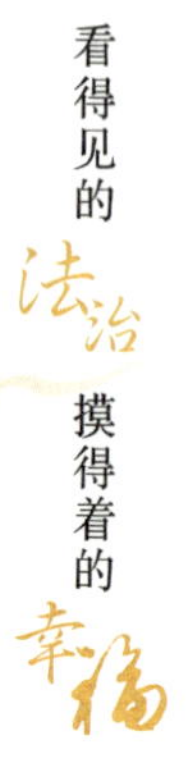

等。托克维尔的观察说明只有建立自由与权利获得充分保护的秩序，才更有利于健全人性，激发公民的主体意识和参与意识，生发对国家、社会、他人的责任感、认同感，使社会长治久安。托克维尔是一个真正的社会科学家，他的观察也被后世所证实。他在考察美国民主制并比对当时法国的国家政治现实后，表达过对法国权利与自由欠缺足够的关怀而造成社会动荡和社会缺乏创新性的担忧。他指出，法国式的治理方式长于保守而短于创新，当社会发生巨大动荡或加速社会前进步伐时，它便失去控制的力量。只要它的各项措施需要公民的协助，这架庞大机器的弱点马上就会暴露出来，立即处于无能为力的状态。其后法国革命也验证了托克维尔的考察。

只有人格有尊严的社会才是有秩序的社会。试想，一个基层工作人员，每天负责扫地、复印和接待，如果这个人在人格上与上级不平等，那么便可能不安于现状，想不断往上爬，爬到有尊严的位置上。而事实是在哪个位置上的人都不容易满足，因为总有自己感受不到尊严的时候，这样的社会是不可能人尽其位、各尽其能的。而且每个人肯定都很急躁，都想着自己一定不能蜗居在这个位置上。这样的社会，人人自危，相互芥蒂，冷漠焦虑，忙于升迁，成为野心家的摇篮。而现代文明国家会让你无论在哪个位置上都能感受到尊严，没有必要做超出自己能力范围的事情。有人或许会说，人人都想往上爬挺好的啊！毕竟不想当将军的士兵不是好士兵。但是，如果一种制度使人都想当将军，那也一定不是好制度。

平等是人的本性要求，在现代中国已经开始在人们头脑中扎根。网上有这样一个事件，出席“2015 年广西玉林市关心下一代工作会议”的人员到容州一中参观校园文化主题宣传和“阳光体育大课间活动”。当时下起了雨，现场撑起近 10 把雨伞，其中有一位领导模样的人，其背后有人为其打伞，前面还有人指着做操的学生介绍情况。在“关心下一代”的主题活动中，领导打伞，学生雨中做操，遭到网友一片骂声。网友批评这一做法是“官僚主义作秀”，与现代价值理念背道而驰。古代社会官员们出门都是八抬大轿抬着，他干啥都没人敢说三道四。在现代，学生们在雨里做操，而几个官员在打着伞看，结果引来骂声一片。这说明什么？历史上由于信息的不公开、不透明，共享程度低，因此一般情况下，老百姓通常只会在自己所处阶层中进行比较，“邻家”过得怎么样对他们很重要，不容易对于明显高于他们的阶层因不平等而表现出不满。但是近代改革后不同了，权利意识开始深入人心，社会公开程度提高，各种媒体将不同阶层的情况展现给人们，不再是“侯门深似海”。虽然当前人们获得的权利较以前有了显著的提高，但人们的权利意识更加强化、更加敏感。人的平等意识已经觉醒了，不再像过去一样了，面对人的意识的觉醒，我们只有坚持法治的思维方式，以改革的态度，积极地适应这种思想趋势的变化。而宪法正是改变这一不平等现象的良方，同时也是建立一个平等社会的基础。

人类至少有五千年文明史，为什么有了宪法后创造性明显增强了呢？回想一下，人类社会在什么时候发展得最快？我们不用再坐着马车花费数周时间进京了，我们坐在家里就可遍览天下之事了，人体的器官可以通过 3D 技术打印出来了，连看影片都可以用虚拟技术了。这三百多年来，我们看到一个又一个新奇的技术被发明创造，而过去人类至少有五千年文明史都没有这么多新发明，到底人类这三四百年发生了什么变化？有什么内在的规律？为什么人类的创造性突然就增强了？

因为宪法诞生了！宪法通过制度和规则保障了人身安全，使人们不会随意被奴役或者被控制。宪法通过制度和规则的形式明确了产权制度，人们不再担心依靠勤奋努力以及聪明才智所获得的财产被权力随时掠夺走。宪法通过制度和规则的形式肯定了人之为人的自由与权利，使人的天性得到解放。不再像没有宪法之前，大部分人处于被管理甚至奴役的状态，不能充分进行发明创造。

民主是社会主义核心价值观，也是“富强民主文明和谐美丽”的社会主义现代化强国的奋斗目标的内在要求。民主与社会发展存在内在的统一性。民主制度更具有创造性，这一点早在古希腊就得到了验证，在民主制度下，更易于形成多元社会，可以有自己的追求和自我满足感。正如德谟克利特所说：“我宁愿找到一个因果的说明，而不愿获得波斯的王位。”“在民主制度下贫穷生活也比在专制制度下享受幸福好，正像自由比受奴役好一样。”在这种社会环境下，政治道德方面也自然趋向于以正义、智慧、善良、勇敢为目标。知识上则百花齐放，许多对自然界和人类认知的基础科学正是从这里开始。如米利都学派诸人提出水为世界万物之原质，或气是万物的基质，或万物都出于一种简单的元质；赫拉克利特相信火是万物的原质；毕达哥拉斯认为万物都由数字组成，从而发现了一些数学和几何学定理；德谟克利特提出万物都是由原子构成的，原子的种类是无限的，是永远运动着的；等等。当然，如果用中古思维来看待这些思考，显然是无用的，而正是这些看似无用的思考奠定了现代社会逻辑学、天文学、物理学、生物学、心理学、医学等各门学科的基础。有人将中国近代的落后归结为数学不行，实际上，从根本而言，只有在个性和权利得到张扬的人民当家作主的制度下，才会有更多的人研究除了权力之争以外的自然科学和社会规律。

生产力的发展要求尊重人之为人的权利，欧美国家这时开始认真思考人性到底如何，并不断改进制度，制定并完善宪法，使人们可以基于自己的兴趣爱好和特长来做事情。当官不再是人们唯一的价值取向，在各个行业有天赋的人就会容易脱颖而出，社会的创造性便会增强。我们知道，大部分人都是有潜能的，但大部分奴隶却没有。人不再是工具之后，他们的聪明才智才会被激发出来，生产力也有了跨越式的大发展。国家有了宪法之后，人们不再需要挖空心思登到权力的巅峰，因为他可以在自己的领域走上高峰。中国有 13 亿多人口，如果能够把 13 亿多人的创造性都激发出来，一定会迎来新一轮经济发展的高潮。由此可见，宪法是社会稳定的基石，是社会公平的保证，是社会进步的源泉，所以我们说宪法是治国安邦的总章程。

宪法是国家的根本法

宪法凝结了人类的经验、教训和理性，是对导向人类文明的自然规则的确认，规定了国家的根本制度、根本任务和国家生活中最重要的原则，因此被称为根本大法。较普通法律而言，宪法的效力更高，制定和修改程序更严格。它不仅仅要考虑制定宪法的这一代人的利益，还要考虑后代人的利益。比如，对于当代人来讲，把全部资源用尽，无视环境恶化，那么所有的利益都被这代人占有，问题留给后代人，这对于后代人是不公平的。因此，许多国家的宪法都规定了自然资源和环境保护的权利和义务。宪法还要考虑，避免多数人对少数人的暴政，不能只考虑多数人的利益而忽视少数人的利益，谁都可能成为少数人，不能像杀了苏格拉底那样，多数人想杀谁就杀谁。

十九大报告提出："加强宪法实施和监督，维护宪法权威。"宪法凝聚了人类的理性，它确认了人类的生命权、财产权、自由权等，它既是对民主的确认，也设计了民主可能造成暴政的防范机制，如民主不是简单的直接民主，而是代议制民主，相对独立的司法机关，特别是人权保护的原则等。它不是为了一时或一群人的利益，而是为了一个国家和公民的永久的共同的利益而制定的，因此宪法具有根本法的地位，具有最高的法律效力，违反宪法的法律和行为都归于无效。为了确保这一规则的执行与落实，各国都设计了符合自己国情的违宪审查机构或者宪法监督机构。

我们说宪法是根本法，还在于它有更为严格的制定和修改程序，不能说改就改。不过，有的国家把宪法当成儿戏，宪法规定总统任期时间短，当政的总统就修改宪法延长任期；宪法规定总统不能连任，有人当上总统之后就把宪法改成可以连任了。这不是真正的立宪国家。

在现代，宪法的制定和修改都会很困难。有的国家宪法规定，国会在两院三分之二的议员多数认为有必要时，可提出宪法的修正案；有的国家宪法规定，公民联署才可以提出议案。在审议程序的设定上，通常设定高额的法定出席人数，或设定高额的赞成人数。如比利时宪法规定，修宪程序中，两院任何一院的出席人数如未达全体议员的三分之二，不得进行表决；未获三分之二多数票赞成不得通过任何修正案，甚至成立特别制宪会议来作出议决。还有国家规定需要经过公民复决。当然，公投并非是所有国家普遍采取的一种做法，只有在极特殊的情况下使用。

我国宪法的修改程序也很严格，规定拥有修宪提案权的主体只有两个：一是全国人大常委会，二是“五分之一以上”的全国人大代表。除此之外，任何政党、社会团体、国家机关不得提出修宪动议，进行宪法修改。修宪提案通过还必须经由全国人大全体代表的三分之二以上多数同意才行。

宪法不是不可修改，宪法从来不是社会进步的阻力，恰恰相反，它一直都是社会进步的动力或者对社会的进步予以认可。

有人或许会问，宪法是总契约，宪法是总章程，宪法是根本法，宪法到底是什么？宪法就是为了确保国家治理科学化、人权得到保障而设计的一整套科学的顶层制度设计。一部科学的宪法设计出一套有效的制度来消解不满，促进社会公平、社会创新和长治久安。如果说蒸汽机、电力、计算机、互联网等是人类伟大的发明，那么宪法是这些发明得以创造的原动力，是人类对社会科学规律的伟大发现，是基于对人性的理解并引导人性向善，防范人性之恶的杰出创造，是人类最伟大的发明之一。

我们再反观历史，人类从原始社会发展到有国家政权的社会，当时世界上强大的国家有哪些？有古巴比伦、古埃及，当然也有中国和印度。可是古巴比伦现在在哪儿？在两河流域，战乱频发的地方。过去强大的国家，现在不一定强大，更与未来是否强大没有必然关系。就像一些人小学、中学学习好，不代表大学就能学习好，也不代表以后会取得事业上的成功。善于汲取人类文明的成果一直是中华文明的优良传统，曾经取得的一些成就不应该成为我们今天进步的包袱，历史中阻碍人类文明发展的传统我们可以改变它们，就像废除三妻四妾、女人裹脚的陋习一样。

今天，我们倡导依法治国的前提是依宪治国，依法执政首先要坚持依宪执政，就是要建立起一种用科学的制度来解决社会问题的思维习惯和治理方式。这也是今天我们强调要学习宪法、学习宪法精神、学习法治思维，总结经验教训，让我们这一代人、让我们的后代都过得更加舒适幸福的重要原因。

宪法是人类经验教训的总结，是顺应历史潮流，符合人类社会发展规律的伟大发现，是人类用制度来解决权力滥用问题、激发人的天性、促成社会秩序的伟大发明。那么，这样重要的宪法是如何在人类社会发展中逐步诞生的呢？

宪法的产生与发展

没有皇帝喜欢宪法，人类最早的宪法性文件——英国大宪章也不例外。但不要低估人类自我向好的能力，宪法发挥了思想启蒙、人权保障、权力制约等重要作用。

宪法的起源

昏庸的皇帝不是中国特有的。1199 年，约翰继位为英国国王，如果说他有什么特点的话，那就是把人性中贪婪的一面释放得淋漓尽致。以前打仗时才会征兵役之类的税赋，到了约翰那里，不管有无战事，都征收免役税，并提高了税额。他为了发明出收更多钱的办法可谓绞尽脑汁，比如要求每 9 名骑士要负担第 10 名士兵的装备；给寡妇做红娘，不要认为这是好意，嫁了钱没收，不嫁交罚款。有个大臣常常谄媚，结果有一天言语不当，触怒了约翰，就成了叛逆者，土地被没收，大臣自己跑了，约翰就把他的妻儿关起来，活活饿死。约翰的残暴、贪婪人尽皆知，因为他的手不仅仅伸向有钱人，还有教会、城市市民。除了农奴，几乎所有人都对国王不满（那时候的农奴是工具，还不存在不满的问题），于是利益受到严重损失的贵族站到了皇帝的对立面，要求限制绝对的王权，反对约翰王权的战争打响了。

这个故事不像历史上那些故事一样，要么皇帝被推翻，建立一个新朝代；要么起义被镇压，一切如故。这个故事中虽然军事上贵族集团取得了胜利，但英王仍然拥有强大的经济资源和广袤的领地，哪一方都没有占据绝对的优势能够吃掉对方，最后双方选择了妥协。

贵族们把一份事先拟好的羊皮纸交给了约翰，这就是人类历史上著名的大宪章，它规定了任何赋税须经“公意许可”，后来延伸为“无代表不纳税”，还规定了一些如立法这样的大事也应与全国人民普遍协商，议会制度的雏形因此奠立。大宪章规定，人民的财产权益要受到保护；未经宣判，不得逮捕、监禁人民；国王不得剥夺和迟延人民接受公正的裁判。虽然英国的这部大宪章没有停止战争，其中所标榜的权利、自由、平等也都具有当时那个时代的局限，但是给了人们一个伟大的启示：即便是王，也可以在法律之下，自由平等的思潮自始在人们的心中萌发。今天宪法的源头便可以追溯到英国大宪章。

大宪章在当时没发挥多大作用，文件签署后不久教皇便应约翰请求宣告大宪章作废，内战又起。有人或许会说，在当时大宪章没有真的实施，有什么用？虽然这个具有宪法雏形的文件没有真正实施，但是它的好处，后世的人都记得，人类天然有一种向着更好的方向而努力的能力，在饱受压迫时大宪章中那些进步的

英国大宪章是英国于1215年订立的宪法，用来限制英国国王的绝对权力。大宪章要求皇室放弃部分权力，尊重司法过程，接受王权受法律的限制。

思想又被重新提出来。17世纪，英王横征暴敛，声称国王是上帝派到人间的最高权威，议会不同意他随意收税，他直接就把议会解散了。辛苦赚来的钱说抢走就被抢走了，人们心中充满愤恨，于是人们赋予大宪章新的意义，用以反对封建专制王权，当年英王约翰都答应过的事，当前的英王更要做到。于是人们重提大宪章，再加上努力争取制定的1628年的《权利请愿书》、1679年的《人身保护法》、1689年的《权利法案》、1701年的《王位继承法》等，共同构成了保护公民权利、限制王权的英国宪法。因为不是一部完整的宪法典，我们说这是人类历史上的第一部不成文宪法，英国被称为人类宪法的母国。更多的人参与到国家的治理中，更多的人的积极性和主动性被激发出来，英国生产力迅速发展，继而取代当时的世界霸主荷兰，号称“日不落帝国”。19世纪，英国又爆发了宪章运动，反对选举权的财产歧视，提出年满21周岁且精神正常的男子都应该拥有普选权，选举投票应秘密进行，废除议会候选人的财产资格限制，国会每年举行一次改选，平均分配选区等。19世纪末20世纪初，英国又先后通过《人民代表法》《议席重新分配法》《取缔选举舞弊及非法行为法》等，实现和规范了普选权，这才基本构建完成了英国的宪法体制。

宪法的变迁

美国人摆脱了英国的殖民统治，有机会构建一个新的国家。这个国家怎么设计，争议很大，为了让人们接受有权力就容易滥用、权力应当制衡的思想，美国立宪者汉米尔顿、杰伊、麦迪逊发表了一系列文章，进行制度设计的说理工作，后编撰成那本著名的《联邦党人文集》。今天我们看《联邦党人文集》，就是看当时美国人如何思考、设计他们的宪法。《联邦党人文集》开篇是汉米尔顿为《独立日报》撰写的文章，充分体现了他的思考和对社会的责任感，他说“人类社会是否真正能够通过深思熟虑和自由选择来建立一个良好的政府，还是他们永远注定要靠机遇和强力来决定他们的政治组织。……假使我们选错自己将要扮演的角色，那就应当认为是全人类的不幸”。这段话至少表达了以下含义：我们人类难道真的只能依靠机遇、暴力的方式来完成社会转型吗？难道我们真的没有能力设计出好的制度使我们过得更好吗？当然不是。第一，我们人类有这个能力设计出更好的制度，而事实也证明了这一点。第二，既然我们有机会重新考虑国家该如何建立，我们应当有这个社会责任感，没有把握住机会将是全人类的不幸。

在这种责任感的驱使下，他们认真考察了历史，思考了人性，承认只要是人就有自利的一面，在此基础上，他们决定用平衡的制度防范任何人可能犯错误的治理模式，记载这套治理模式的就是人类历史上第一部成文宪法。当时的立宪者麦迪逊的那句名言响彻云霄："如果人人都是天使，就不需要任何政府了。如果由天使来统治人，也就不需要对政府施加任何外在或内在的控制了。"他们的观点最后得到了大多数人的认可，美国成为世界上第一个拥有成文宪法的国家，美国也随之崛起。但条文仅仅是前提，宪法只能是一些概括性的语言，也不是无可挑剔，甚至有一些缺陷，但千万不要忽视人类不断向好的能力，不要忽视被压迫者诉求自身利益的努力。正是这些愿望和诉求使宪法条文不断地被修正，不断地改革，并落实到实践之中。

1803 年，马伯里诉麦迪逊案给了美国联邦最高法院大法官马歇尔一个使司法机关向着好的方向发展的制度革新的机会。当时美国第二任总统亚当斯由于种种原因在其任期的最后一天午夜，突击任命了 42 位治安法官，他想让自己人继续当政。不过，这一次，他因疏忽和忙乱有一部分委任令没能及时发送出去，继任的总统杰斐逊和国务卿麦迪逊将委任状扣发了。别人就罢了，但原本应该拿到委任令的人里有个叫马伯里的富商不干了。马伯里是个"官迷"，眼看自己没有机会了，就把国务卿麦迪逊告上了法庭，要求法院裁决他交出委任状，自己要当这个治安法官。这时的大法官

约翰·马歇尔出生于英国殖民统治时期的弗吉尼亚州，曾参加美国独立战争，1801 年至 1835 年担任美国联邦最高法院第 4 任首席大法官。

叫马歇尔。马歇尔大法官看到这种情况之后，以最高法院的名义致函国务卿麦迪逊，要求他解释扣押委任状的原因。谁料想，麦迪逊对马歇尔的信函根本就不予理睬。在当时的法律和历史环境下，麦迪逊这种目中无人的行为是件稀松平常的事，因为联邦最高法院当时实在是一个缺乏权威的司法机构。这样一来，马歇尔就陷入一种左右为难的状态之中，这个案子该怎么审、怎么判决呢？

按理说，遵照法律规定马歇尔应当判马伯里胜诉，不过马歇尔知道，即便判马伯里胜诉，现任总统和国务卿也不大可能执行这个判决，但是如果判决出来了对方不执行，那么司法权威就受到影响，以后谁还听你的呢？法院肯定会颜面扫地，威慑力何在？

经过一番冥思苦想，马歇尔想出了一个好办法，他抛弃了简单的马伯里是对还是错的思维，做出了一个聪明的判决，他说马伯里把案件上诉到最高法院依据的那个条例违宪了，马伯里不应该直接到最高法院来上诉，而应该先去地方法院起诉。面对这样棘手的问题，马歇尔解决了。美国的开国元勋也是美国第一部宪法的起草人之一的汉米尔顿在《联邦党人文集》中就说，“司法部门既无军权，又无财权，不能支配社会力量与财富，不能采取任何主动行动”，是“分立的三权中最弱的一个”。马歇尔使司法机关具有了保障宪法实施的违宪审查权，法院可以针对立法权、行政权是否违反宪法做出司法判断，成为了权力设计中的重要一环，解决了当时立宪者对司法部门“硬不起来”的担忧。今天，在美国最高法院的院史博物馆中，唯有马歇尔大法官一人享有全身铜像的特殊待遇。

美国虽然最早建立了违宪审查制度，但是早期为了白人的特权，通过“斯科特案”“普莱西案”等宣称黑人仅是白人的财产，他们不是美国公民，也不受美国宪法保护。或者即便黑人白人平等保护，也要“隔离但平等”。直到20世纪中期的“布朗诉教育局案”之后才有所改观。可见，宪法不但要实施，还要符合宪法的精神去实施，否则也难以实现宪法设计的初衷。

SECTION 8

中国宪法的产生与发展

慈禧讲，“日本有宪法，于国家甚好”。但是光靠忽悠显然还很不够，大清行立宪之名而无立宪之实。一声枪响，清王朝土崩瓦解。中华人民共和国成立后，宪法不断完善，一直在路上。

清末国家立宪的尝试

继美国之后，世界很多国家都开始制定宪法，建立立宪政治体制，日本也是其中一个。当时的中国算是个后知后觉的国家。清王朝还在做着“我是全世界老大”的美梦，不管谁来，都摆出天朝上国的架势，无视世界的变化。历史上通常以自己为中心的时候都比较落后。古代人类认为自己是宇宙的中心，谁说太阳是中心谁就得死。后来发现连太阳都不是中心。

清王朝不是没有能人，痛定思痛之后，也做了几次宪法改革的努力，这几次努力都跟我们的邻国日本有关。第一次是 1894 年甲午中日战争，日本战胜了大清王朝。1895 年，中日签订《马关

三澎湖列島即英國格林尼次東經百十九度
起至百二十度止及北緯二十三度起至二
十四度之間諸島嶼

第三款
前款所載及粘附本約之地圖所劃疆界係本約
批准互换之後兩國應各選派官員二名以上為
公同劃定疆界委員就地踏勘確定劃界若遇本
約所訂疆界於地形或治理所關有礙難不便等
情各該委員等當妥為參酌更定

《马关条约》，继《北京条约》以来侵略者强加给中国最刻毒的不平等条约，使日本获得巨大利益，使中国民族危机空前严重，半殖民地化程度大大加深。

条约》，消息传到国内，康有为发动在京应试的举人联名上书光绪皇帝，痛陈民族危亡的严峻形势，提出拒和、迁都、练兵、变法的主张，史称“公车上书”，揭开了维新变法的序幕。但维新运动触及慈禧的权力时，不愿放弃既得利益的慈禧就把这次宪法性改革给狠狠地扼杀了。

这里还要说几句，早在1894年甲午中日战争之前，一些人就已经认识到了改革的重要性。李鸿章很早就曾经警告过，中国将“遇到千年未有之变局”，并曾有一封书信写给恭亲王奕䜣和文祥，让人难忘。

鸿章窃以为天下事穷则变，变则通。中国士大夫沉浸于章句小楷之积习，武夫悍卒又多粗蠢而不加细心，以致用非所学，学非所用。无事则斥外国之利器为奇技淫巧，以为不必学；有事则惊外国之利器为变怪神奇，以为不能学。不知洋人视火器为身心性命之学者以数百年……前者英法各国，以日本为外府，肆意诛求。

日本君臣发愤为雄，选宗室及大臣子弟聪秀者，往西国制造厂师习各艺，又购制器之器，在本国制习。现在已能驾驶轮船，造放炸炮。去年英人虚声恫吓，以兵临之。然英人所持而为攻战之利者，彼以分擅其长，用是凝然不动而英人固无如之何也。夫今日之日本即明之倭寇也，距西国远而距中国近。我有以自立，则将附丽于我，窥伺西人之短长；我无以自强，则并效尤于彼，分西人之利。日本以海外区区小国，尚能及时改辙，知所取法。然则我国深维穷权而通之故……杜挚有言曰：利不百，不变法；功不十，不易器。苏子瞻曰：言之于无事之时，足以为名，而恒苦于不信；言之于有事之时，足以见信，而苦于无及。鸿章以为中国欲自强则莫如学习外国利器。欲学习外国利器莫如觅制器之器，师其法而不必尽用其人。欲觅制器之器，则我专设一科取士，士终身悬以为富贵功名之鹄，则业可成，业可精，而才亦可集。

大意是说，文官光写写好看的字，武官粗笨不肯学习，这些都已经无法适应时代的变迁，学的和用的根本没关系。没发生什么事儿的时候瞧不起外国人的东西，认为是奇技淫巧，以为不必学；发生点事儿又觉得人家的东西太神奇，认为我们学不会。你看日本，以前还是英法的殖民地，结果他们君臣为崛起而努力，到发达国家去学习。有一次，英国又用兵去吓唬日本人，可是英国人所擅长的日本人都会了，没吓着，自己逃跑了。

最后这段话很有启示：他说，今天的日本就是明朝的倭寇，它离我们太近了，我们必须加快学习的步伐，否则日本强大后更容易瓜分中国。

李鸿章看到了，与日本比，清王朝发展慢了，当时的清王朝不思进取是最大的弊端。当年恭亲王奕䜣与大学士倭仁有一个非常有名的争论，史称“恭倭之争”。恭亲王就说，“夫天下之耻，莫耻于不如人，日本撮而小国尚知发愤为雄，独中国拗于因循旧习，不思振作，耻孰甚焉？今不以不如人为耻，独以学人为耻，将安于不如，而终不学，遂可雪耻乎？”倭仁则说，学也学不会，人家也不一定教你，白学。恭亲王追问那应该怎么办，光拿着礼仪拿着忠信跟西方列强抗争，认为这样就能把人家都打败，实在是太离谱了。而倭仁的意思就是我们已经至善至美了，啥也不用变！结果甲午中日战争清政府败得十分难看，而八国联军不到两万人，北京清军十五六万人，义和团团民五六十万人，从兵力对比看，敌我力量相差悬殊，结果八国联军在十天内攻陷了北京，慈禧也跑了。这是多么痛的领悟啊！

李鸿章，晚清名臣，洋务运动的主要领导人之一，曾经代表清政府签订了《越南条约》《马关条约》《中法简明条约》等。

1905 年在中国土地上打的那场日俄战争，最终促成清政府下定决心再次进行宪法改革。日俄战争中俄国失败，1905 年，俄国国内动荡飘摇，沙皇尼古拉二世宣布承认俄国人民享有言论、出版、结社、集会、信仰、人身自由和参政的权利，准备建立君主立宪制，批准设立了俄国第一个议会机构——国家杜马。但其不彻底性并未结束混乱，最终 1917 年爆发的“二月革命”和“十月革命”结束了罗曼诺夫王朝的统治并处决了尼古拉二世及其全家。国人，特别是清王朝的统治者受日俄战争的触动，也开始着手立宪。日俄战争的失利以及俄国的反思促使清王朝想要改变政治体制，此后，清政府宣布预备仿行立宪。知识界认为，“日、俄之胜负，立宪、专制之胜负也。今全球完全专制之国谁乎？一专制当众立宪，尚可幸乎？”慈禧也发话，“日本有宪法，于国家甚好”。中国开始了“君主立宪”的道路。

当宣布仿行立宪时，清王朝形势一片大好，人们都希望通过改革而非革命改变社会，但是到了真改革的时候问题就来了，1908 年 8 月 27 日出台的《钦定宪法大纲》根本看不出清王朝改

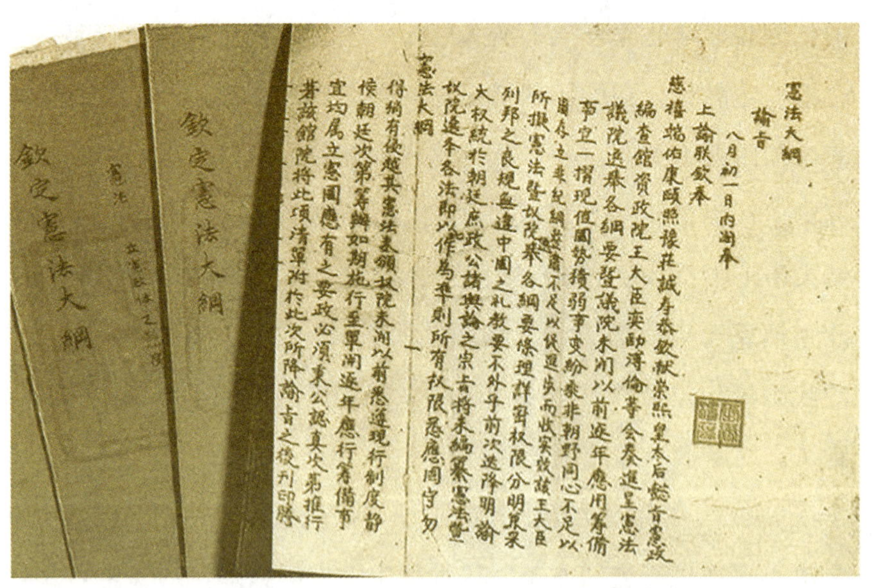
欽定憲法大綱
欽定憲法大綱
憲法大綱
諭旨
八月初一日内閣奉
上諭朕欽奉
慈禧端佑康頤昭豫莊誠壽恭欽獻崇熙皇太后懿旨憲政
編查館資政院王大臣奕劻溥倫等會奏進呈憲法
議院選舉各綱要暨議院未開以前逐年應用籌備
事宜一摺現值國勢積弱事変紛乘非朝野同心不足以
圖存立非紀綱整肅不足以促進步而收實效該王大臣
所擬憲法暨議院選舉各綱要條理詳密權限分明兼采
列邦之良規無違中國之禮教要不外乎前次迭降明諭
大權統於朝廷庶政公諸輿論之宗旨將來編纂憲法暨
議院選舉各法即以作為準則所有權限悉應恪守勿
得稍有侵越其憲法未頒議院未開以前悉遵現行制度靜
候朝廷次第籌辦如期施行至單開逐年應行籌備事
宜均屬立憲國應有之要政必須秉公認真次第推行
著該館院將此項清單附於此次所降諭旨之後刊印謄

《钦定宪法大纲》是中国晚清政府颁布的中国历史上第一部宪法性文件，确认了君主立宪制的政治改革方向，但由于君权强大，议院立法权和监督权非常有限，臣民的自由权利缺乏有效保障。

革的诚意，效仿的日本明治宪法，本来是限制皇帝权力的，结果搞成用法律的形式把皇帝的极权给确定下来了，虽有适度分权，但皇帝丝毫没打算把权力让渡出来，基本上等于一切照旧，只需老百姓好好履行法律义务。摄政王载沣的思考最具有代表性，他认为，大清是我们辛苦打下来的，怎可拱手让与他人？他借改革之机把汉人的权力都收归了清政府，把袁世凯等实力派也踢了出去，最后 13 名国务大臣之中，汉族仅 4 人，满族 9 人，而皇族竟有 5 人，故人称“皇族内阁”。

这样一来，立宪派不干了，游行示威。“皇族内阁”1911 年 5 月 8 日成立，当年 10 月 10 日爆发了辛亥革命，一声枪响，内阁大臣纷纷倒戈，可见这次立宪有多么不得人心。同年 11 月 3 日，清王朝匆匆忙忙出台了《宪法重大信条十九条》，除了大清帝国皇统万世不易以外，改变很大，国会也有权力了，“皇族内阁”取消了，明确规定不得以命令代法律。“十九信条”充分说明治国的道理满清政府不是不懂，而是不为。改革是有窗口期的，抓不住就可能来不及了，后果是中国又经历了几十年的混乱。从 1912 年《中华民国临时约法》始，1913 年《中华民国宪法（草案）》、1914 年《中华民国约法》、1923 年《中华民国宪法》、1925 年《中华民国宪法草案》、1931 年《中华民国训政时期约法》、1936 年《中华民国宪法草案》和 1946 年《中华民国宪法》，先后出现多部宪法，宪法的频繁更迭是社会混乱的写照。

中华人民共和国的宪法

直到1949年中华人民共和国成立，结束了国内混乱的局面。先是1949年《中国人民政治协商会议共同纲领》代行宪法，接着1954年宪法诞生，这是中华人民共和国第一部宪法。宪法经过了反复的讨论，代表了人类社会基本的潮流和方向，以中国共产党提出的“党在过渡时期的总路线”作为国家的总任务，并把党所创建的基本制度和党所制定的基本方针和重要政策予以宪法化、条文化，明确了公民的财产权保障，规定了人民法院独立进行审判，只服从法律。

这部宪法以立法的形式固定了中国人民革命的成果，反映了中国广大人民建设社会主义的共同愿望，为我国后来的民主建设与制度建设奠定了基础。当然，任何法律都需要一个逐步完善的过程，即使是作为我们的根本大法——宪法，也需要不断完善。但在我们的第一部宪法中没有保障宪法实施的机制，实践中也未能阻止“文化大革命”的爆发。1975年宪法取消了权力的制约与监督，以对立的思维代替了平和的思维，“公民在法律上一律平等”的规定也被取消了，宪法义务排在了宪法权利之前，意味着人们首先要履行义务，然后才享有权利。宪法作为顶层设计的不健全导致实践中出现了诸多问题。后来颁行的1978年宪法，经1979年和1980年两次局部修改后仍有一些问题。党的十一届三中全会后，国家的政治、经济、文化发生了很大的变化，有了一定的发展，社会开始走向正轨，进一步修改宪法，使之符合社会发展的规律变得十分重要。邓小平在总结“文化大革命”的教训时说，“我们过去发生的各种错误，固然与某些领导人的思想、作风有关，但是组织制度、工作制度方面的问题更重要。这些方面的制度好可以使坏人无法任意横行，制度不好可以使好人无法充分做好事，甚至会走向反面”。

经历了1975年和1978年两次宪法修改后，总结了中国历史的正反两方面经验，1982年12月4日，我们国家迎来了一部具有里程碑意义的宪法。这部宪法与1954年宪法结构基本相同，继承和发展了1954年宪法的基本原则，调整和增加了部分章节，充分总结了社会主义建设的经验，也注意吸收国际的经验，既考虑现实的需要，又考虑长远的发展，最终在第五届全国人大第五次会议上正式通过并颁布。这部宪法分为序言，总纲，公民的基本权利和义务，国家机构，国旗、国徽、首都五个部分。它明确规定了中华人民共和国的政治制度、经济制度、公民的权利和义务、国家机构的设置和职责范围、今后国家的根本任务等，确定了四项基本原则和改革开放的基本方针。全国各族人民和一切组织，都必须以宪法为根本的活动准则，任何组织或个人都不得有超越宪法和法律的特权。

“八二宪法”之后，我们也吸取经验教训，不再频繁修改宪法，而采取修正案的形式，对宪法进行修订。“八二宪法”制定后共进行了四次修宪，从中我们可以清晰地看到中国社会的进步和对社会规律的认知。1988年第一次修正，一是规定“国家允许私营经济在法律规定的范围内存在和发展。私营经济是社会主义公有制经济的补充。国家保护私营经济的合法权利和利益，对私营经济实行引导、监督和管理”；二是删去第 10 条第 4 款中不得出租土地的规定，增加规定“土地的使用权可以依照法律的规定转让”等。1993 年第二次修正，将社会主义市场经济确定为国家的基本经济体制等。1999 年第三次修正，规定“中华人民共和国实行依法治国，建设社会主义法治国家”“国家保护个体经济、私营经济的合法的权利和利益。国家对个体经济、私营经济实行引导、监督和管理”等。2004 年第四次修正，规定“公民的合法的私有财产不受侵犯”“国家尊重和保障人权”等。

没有对财产权的保护，就没有为财产奋斗的动力，这就是人性。“文化大革命”中人们出勤不出力，表面上看着热火朝天，实际上大部分人都在“磨洋工”。因为不是给自己干，干多干少一个样，“外国有个加拿大，我们有个大家拿”。这就是人性，而市场经济和财产保护也是基于这种人性的制度设计。

说到市场经济，即便是今天，仍然有些人希望回到打钟吃饭的计划经济时代，“还在重复着昨天的故事”，他们把葡萄园变成计划经济的“伟大”实验田，结果屡战屡败，最后不得不放弃。市场经济是现代经济的基本原则，对于国家而言，最有效率的企业将会胜出，并有实力参与国际竞争。对于百姓而言，收益更加明显。

“八二宪法”后，中国进入了一个崭新的阶段，中国经过几十年的努力一跃成为世界第二大经济体。但是我们也应当看到，市场经济带来了一定的不公平，于是有人又想走回头路。其实，中国历史上没有一个时期比今天更好，大部分人不是不患寡而患不均，而是不患寡而患不公。市场经济所带来的问题可以通过民主法治来解决，而不是走回头路。中国这几十年的快速发展，源于党领导人民坚持实事求是和解放思想；源于我们对既往状态的不满足和反思；源于我们有足够的自信能够做出自我的革命；源于我们通过制度变革的方式解决了一个又一个重大的理论和现实问题。纵观中国历史，没有一个时期比今天更好，中国社会出现的种种问题，我们有足够的智慧和能力用民主法治的方式去解决。

人类社会本来没有宪法，随着生产力的发展，宪法才应运而生。宪法以科学的制度设计把人之为人的基本权利确定下来，人们不再为“当皇帝”而斗争，在各个领域做出成绩都可以赢得尊重，人们的创造性被史无前例地激发出来，这反过来又促进了人类社会生产力的巨大飞跃。宪法的产生与发展既是总结人类历史经验教训的必然选择，也是人类为了自身活得更加幸福而不断丰富发展出来的伟大发明。

人类有宪法之后，社会发展明显进入快车道。中国开始尝试有宪法是近 100 年来的事情，几经反复，逐渐成熟。宪法的历史不长，却给我们留下了不少值得珍惜的经验教训：光有一部宪法显然还不够，如果人们不打算实施它，那么它依然只是一张废纸。为什么愿意去实施它？实施它会带来什么好处？

2012 年 12 月 4 日，习近平同志在首都各界纪念现行宪法公布施行 30 周年大会上的讲话中强调，全面贯彻实施宪法，是建设社会主义法治国家的首要任务和基础性工作。宪法的生命在于实施，宪法的权威也在于实施。我们要坚持不懈抓好宪法实施工作，把全面贯彻实施宪法提高到一个新水平。同时，他也指出，当前保证宪法实施的监督机制和具体制度还不健全，全国人大及其常委会和国家有关监督机关要担负起宪法和法律监督职责，加强对宪法和法律实施情况的监督检查，健全监督机制和程序，坚决纠正违宪违法行为。地方各级人大及其常委会要依法行使职权，保证宪法和法律在本行政区域内得到遵守和执行。

宪法是历史教训的总结，是生活常识的提炼，是市场经济的基础，是公民幸福的基石，是国家秩序的保障。把宪法印在纸面上发挥了重要的宣誓功能，但这只是提升现代治理能力的“头一步”，有个有效的机构去实施它是“第二脚”，是抽象的宪法文本与自己的生活紧密联系起来，让宪法的精神从领导到民众都能看得见摸得着，大多数人都善于运用法治思维看待生活中的事件，运用法治方式解决生活中的问题才是宪法真正意义所在。

延伸阅读 Extended reading

建立有效可行的宪法实施监督机制（摘选）

纵观世界各国，宪法实施的监督机制根据其审查主体的不同，可以分为以下三种。

一是国会（议会）违宪审查制，是指由国会（议会）自己行使违宪审查权。这种违宪审查制按照是否有明确的法律规定又可分为两类。一类是默式的国会（议会）违宪审查，即立法机关在立法之前已被认为经过立法机关自身的默式审查。这主要是指英国。另一类是明式的国会（议会）违宪审查，即用明式的方式规定议会有权进行违宪审查。主要有厄瓜多尔、葡萄牙及原东德等。这些国家一般都在议会内部设置专门的委员会，依据一定的程度代表议会行使违宪审查之权。另外，瑞典对宪法委员会负责的监察专员也在此列。

二是普通法院违宪审查制，它是由普通法院行使违宪审查权。按照法院是否可以主动对法律合宪予以审查又分为二类。一类是法院无权主动审查法律是否合宪，必须与具体的诉讼案件相结合，特点是法院或法官不能离开具体的案件或诉讼，自己主动审查法律行为是否违宪，以美国、日本为代表；另一类是不必与具体诉讼案件相结合，法院可以主动进行抽象审查，如哥伦比亚、巴拿马等一些拉美国家。

三是欧洲式的专门机构审查。按照审查机构的性质也可分为两类。一类是宪法法院违宪审查制，属司法性质，它通过设置独立于普通法院之外的宪法法院行使违宪审查权。其代表国家有意大利、德国等。另一类是特别委员会违宪审查制，即在国会（议会）和法院等国家机关外设置一个既非司法性质也非行政性质的宪法委员会或者宪法审查委员会，行使违宪审查权，其中尤以法国为代表。

作为后发国家，建立符合中国国情的宪法监督制度具有得天独厚的优势。现在看来，国会内部的审查机制以及法国式的宪法委员会效果不佳，而以中立的司法判断的方式效果较好。同时，考虑到我国的制度设计，实行的是人民代表大会制度，人民通过全国人民代表大会来行使自己管理国家和社会事务的权利。全国人大是最高国家权力机关，其他国家机关由它产生，受它监督，对它负责。由其制定宪法及其他基本法律，国家机关由其选举产生并对其负责，对其制定的宪法和基本法律只能无条件遵守。就立法机关所立之法，在我国的现行体制下，只有立法机关自己能够监督。因此根据我国现行体制在全国人大常委会下设一个专门的违宪审查委员会来对各级立法机关的立法予以监督，专司全国各级人大及其常委会的立法是否违宪的审查。

之所以设立一个专门的委员会，是为了实现违宪审查的专业化，避免“谁都管又谁都不管”的弊端。这样既可保障国家权力的统一，又不至于使违宪审查权因无专门机构而流于形式。若给予各级人大该项权力，又过多地使各级人大自己监督自己，不利于违宪审查的完成。之所以在人大常委会下设这一委员会，是考虑到我国的人大制度和一贯的政治传统。由于是下司管上司，所起到的实际作用可能不大，但它还是会起到很重要的威慑作用。正如英国有学者评价他们的立法审查机构——联合委员会时说的那样:“联合委员会的本身，就会阻止法定文件失误的发生，其数量要比它检查出的失误还要多。”我国宪法第六十七条第八款规定，全国人大常委会有权撤销省、自治区、直辖市国家权力机关制定的同宪法、法律和行政法规相抵触的地方性法规和决议。设立这一专门委员会就意味着人大常委会将宪法规定的对法规的违宪审查权交由其下属的专门委员会来管辖，这样的设计并不违反宪法和我国的体制。

另外，由于立法机关的立法在现代社会占整个法律体系的少数，并且立法机关的立法较行政机关的职权立法和授权立法要慎重得多，所以这一委员会完全有能力完成这一任务。

为了最大限度避免英国模式的弊端，最大限度地发挥专门委员会的作用，这一委员会的成员不能像英国那样由议员担任，可以借鉴法、俄的经验。关于这一委员会的人员组成，既考虑到对立法机关违宪审查政治性的一面，又考虑到法律性的一面。因此，其委员会的成员由一定数量的奇数人员组成。宪法委员会是全国人大下设的具有独立性的违宪审查机构。可以考虑宪法委员会由9名声望较高的法律专家和政治家组成，不得担任其他职务。由国家主席推荐，由全国人大任命。在此期间不得随意更换，可以连选连任。这就给予了该委员会一定程度的程序保障，保证了成员的独立性，并不受任命机关的制约。

行政机关立法行为及其他行政行为，是现代社会数量最多、最可能侵犯公民权利的行为，对他们的审查可由法院内的行政庭来完成。行政部门基于议会授权而制定法规、规章的行为，性质上属于行政行为，由法院管辖并不会与我国的体制产生悖论。具体管辖可根据地域管辖原则和级别管辖原则。即一般来讲，由做出行政行为（包括行政立法行为）的行政机关所在地的中级人民法院初审，高级法院复审；对本辖区内重大复杂的案件由高级法院初审，最高法院复审；全国范围内重大复杂的案件由最高法院初审并一审终审。此外，根据行政机关的不同级别，由与该行政机关所对应的司法机关初审管辖。

这两个原则并不矛盾，前一个原则是一般原则，后一个原则是特殊原则，在适用时，特殊原则优于一般原则。根据我国的体制及权力分工的原则，人民法院只能进行事后的审查，而不能进行事先的审查干涉立法、行政活动。

由中级以上人民法院行政庭进行违宪审查，是考虑到中级以上法院就我国现状来说，其法官素质较基层院高，而行政庭在审理行政诉讼案件中又积累了一定的经验。如果法院在审理过程中，涉及权力机关违宪的，移送同级人大常委会，由同级人大常委会移送至违宪审查的专门委员会，也可直接移送至该委员会。鉴于这一审查的公法性质以及避免与行政诉讼重叠，可将违宪审查与对行政机关的具体行政行为以及必将建立的对抽象行政行为的司法审查结合起来，统一由法院的行政庭来完成。这样做的优势是，避免了有一些案件从行政诉讼角度就可以解决、而当事人却求助违宪审查的弊端。

这种法院对行政机关行为的违宪审查既有利于早日实现法院对

行政法规、规章的司法审查，也有利于树立司法权威。此外，基于我国宪法第六十七条第七款规定，全国人大常委会有权撤销国务院制定的同宪法、法律相抵触的行政法规决定和命令，全国人大常委会和违宪审查的专门委员会根据宪法对国务院制定的行政法规有当然的监督权。但是根据我国现行的体制，司法机关对行政机关制定法规的制约权显然没有制度障碍，因此对国务院行政法规的违宪审查可由违宪审查委员会和最高法院共同完成。具体的分配可以由专门委员会对有关国家最为重要且涉及人大的固有职权如财政权等进行审查，其他皆由司法机关来审查。

这种双重的违宪审查模式旨在遵循我国体制的基础上，既保证权力机关违宪审查职能的行使，又合理发挥法院的功能，既符合我国体制的要求，又具有前瞻性，利于我国宪政体制的进一步良性发展。实行这种违宪审查制度具有如下优点。

第一，更符合我国体制。从我国的体制上看，人大是国家的最高权力机关，行政机关和司法机关都由人大产生，处于同一权力位阶。因此司法机关是完全可以监督行政机关而不产生体制上的悖论。而且在现代社会，对公民产生较大影响的更多是为数众多的行政立法及其他行政行为，由司法机关监督行政机关的行政立法及其他行政行为不会产生逻辑上的悖论。对立法的审查借鉴了英国的经验，全国人大及其常委会自身任务繁重，可以在常委会中设置一个委员会协助议会审查。虽然这样做有“自己做自己的法官”的弊端，但是这样做变动最小，而且在理论上和实践中都可行，并为以后进一步设计做了准备。

第二，更适合我国国情。由权力机关和司法机关同时承担违宪审查职能，为人民群众对违宪案件的检举、控告提供了便利条件，可方便广大群众行使监督权。另外，我国作为一个拥有14亿人口的泱泱大国，仅凭一两个机关来对违宪案件进行审查肯定是远远不够的，这个问题通过我国已经建立的比较完善的各级人民法院就可以解决。

第三，从现实的操作性上看，由行政庭直接进行违宪审查改动较小，需要做的只是通过学历、经验等要求提高中级以上人民法院行政庭法官的素质。而且，也有利于立法机关与行政机关分工明确。法官是专事法律的人员，法院系统也已经形成了比较固定和完善的程序，法院显然比其他机构更公正和有权威，也更便于公民对违宪的行为提起诉讼，保护公民的权利。此外，在现代国家，法律、法规占一国法律体系的绝大部分，行政权也是最可能侵犯公民权利的权力，这样的设计最大限度地避免了“自己做自己的法官”，并对行政立法和其他行政行为的监督专业化了，这对于我国树立宪法权威有着极其重要的意义。

第四，一种制度设计不仅要着眼于当前，还需要具有前瞻性。这种设计对于提高我国司法权的地位，树立司法权威，以便实现国家权力渐趋平衡从而使国家政权更加稳固，并促进民众宪法意识的提高，都有着深远的影响和重要的意义。

李勇：《建立有效可行的宪法实施监督机制》，
《学习时报》2013 年 1 月 21 日

一半是火焰一半是海水·古巴见闻录

古巴，面积 109884 公里，人口 1123.9 万（2015）。国名源自泰诺语“coabana”，意为“肥沃之地”“好地方”，一个神秘而令人向往的遥远国度。2017 年 4 月下旬，我有幸在古巴“国家与政府干部高等学院”进行了为期一周的讲学与访问。

初到古巴，一切似曾相识，我的思绪也是“一波三折”。

古巴的开放程度相当高，下了飞机，机场里各国来古巴旅游的人排着长长的队，古巴还专设一个机场与美国通航。

出了机场，“破旧”是第一印象，满眼都是老爷车。老爷车多数属私人所有，由于实行计划经济，老百姓的收入微薄，大部分人买不起新车；新车绝大多数都是国家购买，供政府使用。

一位优雅的女士向我们简单介绍了古巴的概况，言下充满了对当下分配制度的认同和卓越努力的肯定。这种“自豪”与眼前所见似有不符，我向同行老师做了一个玩笑性的“预言”，这位女士或其丈夫应该是位高官，请翻译问后得知她的丈夫是前中央委员。

讲课后的第二天，我们进行了细致的调研，我要解决一个问题：为什么在这个物资匮乏的国家，社会秩序井然有序呢？

我们发现，分配正义和矫正正义的社会制度供给丰富且有效或许是重要原因。古巴共产党作为执政党，同样努力做到“总揽全局，协调各方”。在他们看来，加强党的领导，执政党主要是把握住执政的方向，确保执政的地位。

实施党政分工，对政府主要的领导方式是政治领导、思想领导，在组织方面，政府由人民选举产生，产生的领导不需要一定是古巴共产党的党员，对产生他的老百姓负责，执政党把握大政方针不偏离轨道。民众的诉求可以通过这种方式得到表达。在分配领域里也确实具有普惠的性质。

古巴立法明确禁止社会车辆随意鸣笛，因此在古巴几乎听不到有人频繁在你的身后鸣笛；人行横道车让人也有明确的规定及罚则。老百姓遇到纠纷，可以通过多种形式的社会组织进行调解。

特别是司法机关能够作为社会公正的最后一道防线，依法独立行使职权，党内的所有机构都不会影响司法裁决，树立了值得信赖的公众形象。

在民众心目中，司法机关有很强的中立性、终局性和权威性。古巴基层政府工作时间向社会全面开放，由于法治化解社会纠纷，绝大部分人不需要围在政府周围期待解决纠纷。因此，在古巴，民众盼望富裕的诉求多，期待公正的诉求少。

哈瓦那海边，见到年轻人正在举办一个party，全市各地的年轻人纷纷赶来参加，享受音乐和舞蹈。他们特别向往甚至艳羡隔洋相望的美国年轻人的“自由快乐与富足”。特别是看到旅游者所带来的手机、相机等先进设备，促使他们反思为什么外国人可以这样生活。许多年轻人购买一些人通过私自携带等方式进入古巴境内的国外娱乐节目、电影等。他们正在成为古巴社会向前发展的巨大推动力。

古巴现在的经济制度是以计划经济为主，适当考虑市场经济的因素。计划经济、平均分配虽然看起来很美，但由于没有将人的本性考虑进来，社会经济发展缓慢，2016 年古巴经济呈现负增长。

保障仍然处于低水平，所谓的全民医疗只是最基本的用药，想用好药还得给医生好处。人们的大部分收入都用于食物的支出，还是有人吃不饱，恩格尔系数据说超过 90%。

计划经济的特点是以想象中的国家权力善性代替人民自我利益的追求，结果往往是人们自发从事生产的动力不足，创造性受制，得过且过，国家的、企业的东西能拿就拿。

古巴商业街上大部分商店都属于国有，商品品种单一，物资匮乏，质量粗糙，价格昂贵。在古巴的外国企业，其发给工人的工资，近乎 95% 都被国家拿走，工人劳动的积极性差，效率低下。人们“靠山吃山，靠水吃水”。有资源分配或者拥有某种物资的人往往是“香饽饽”。厨子总是人群中的胖子。国内网络也极其不发达，给用惯了网络的游客带来了极大的不便。

在古巴国内，计划经济引起了很大的争论，国家开始着手改革。

虽然古巴在国家宏观制度上做出了有限的调整，但仍激起了人们的利益心，而法治尚未健全，转型的通病已经显现。在古巴社会也出现了一些欺骗、盗窃等行为。

我们打车出去吃饭，司机把我们拉到了他的朋友开的饭店，并告诉我们要去的饭店关门了，在我们的再三要求下，才给我们拉到我们预订的饭店。

当地一个开餐馆的中国人讲了一个有趣的故事：当地人不知从哪儿偷来一个垃圾桶，5 块钱卖给了他，过了一段时间就丢了，结果又有人拿着这个垃圾桶再次卖给他，因为这个垃圾桶被烧了深深的一道印记，所以他认出来了。此外，还没来得及富裕起来，环境已经被污染，由于各种原因，地下水和空气质量正在遭到破坏。

我曾经写过一篇小文章，提出“中国社会进步应避免‘岳母’思

维”。干啥都批评，干成功了说早就该这么干；失败了说早就说了不能这么干。我讲课时看古巴领导们的表情，估计古巴的“岳母”也不少。

现在的古巴正处于改革的特殊时期，是否走市场经济、是否需要开放互联网、是否坚定法治道路等，虽然仍有踌躇，不过可以预见，这仍是解决古巴当前诸多社会问题的必然选择。

古巴有一批人也在锐意改革，为了保证领导集体能够注入新的思想，新的活力，在他们的中央政治局规定了年龄的限制，并不断引入年轻人成为中央委员。

古巴人民热情、勇敢、坚定，富有爱心，有着很强的不服输的精神，正如海明威所著的《老人与海》中描述的那样，“一个人可以被毁灭，但不能被打败”。这也是他们引以为傲的民族写照。

他们非常尊重知识、尊重教师。活动中我们没有坐下之前，他们都站着，上课时他们的宽容度很高，感觉到他们由衷地对人的尊重、对知识的尊重，能够这样做的民族一定不会差。

古巴有一定的社会治理基础，相信随着社会现实的推动以及对社会规律认识的不断深入，必将成为一个名副其实的令人羡慕的社会主义强国。

李勇：《一半是火焰一半是海水·古巴见闻录》，
《中国法律评论》微信公众号，2017年5月13日

中国人从来就不笨，法治没有那么难

CHAPTER 3

过去有的同志说，法治是个好东西，但中国做不到。我们现在已经看到，中国在法治道路上迈出了坚实的步伐。在其他许多问题上也是如此，不能简单地说中国做不到。

公元前1世纪，西塞罗给他的雅典朋友写过一封信，信中称“你不要从大不列颠岛购买奴隶，因为他们非常愚蠢，完全没有接受教育的能力”。一封西班牙穆斯林写的信中也认为比利牛斯山以北的种族缺乏灵敏的头脑和敏锐的智力。结果这些人现在竟然“变”聪明了，竟然过得更加文明、简单和舒心了。可见，并非种族、信仰等原因促成了文明。那么原因何在呢？

大不列颠岛是欧洲第一大岛屿，位于欧洲大陆西岸外的大西洋中，大不列颠群岛的主岛之一。面积为209331平方公里，是大不列颠及北爱尔兰联合王国国土的主要部分，由英格兰、苏格兰及威尔士所组成。

SECTION 9

中国宪法的产生与发展

看一个地方法治状况怎么样，就看当地交通状况怎么样。大凡“狭路相逢勇者胜”的地方，大凡习惯走别人的路，让别人无路可走的地方，法治状况都不太好。

有一次坐地铁，上车的人直接往车厢里挤，下车的人更着急，使劲往车厢外挤，结果没下去几个，也没上来几个。这不是我们所谓的法治状态，也造成了大量资源的浪费、无效率和痛苦。

曾有人问我觉得当地法治状况怎么样。我说，您看一个地方法治状况怎么样，就看当地的交通状况。大凡“狭路相逢勇者胜”的地方，大凡习惯走别人的路，让别人无路可走的地方，法治状况都不太好。

法治是一种各行其道的状态。各行其道就是自行车有自行车道，行人有行人道，汽车有汽车道，各自在自己的路上走。那么各行其道的前提是什么？怎么样保证各行其道呢？好多人说行人和汽车司机不守交规是他们个人的素质不高，也有人将其归结为文化、地理环境、数学甚至语言的问题。可是如果你都没有设计出自行车道，或者没有设计出机动车道和行人道，根本就无路可走，或者走错了也没人管，自然没人再考虑什么各行其道了。归根结底，与其说是素质问题，莫不如说是规则问题，或者是法治问题。

当然，公共资源是有限的，道路就这么宽，怎么设计出合理的行人道、自行车道和机动车道呢？怎么能保证每条道路的宽窄正好合适呢？假设设计道路的人天天开汽车，根本就没有也不骑自行车，想想由这样的人来设计道路结果会怎么样？大概率是，自行车道会被设计得很窄或者干脆不设了。他没有设计宽阔自行车道的利益诉求，就没有动力去设计相应的自行车道。一定要让每一个权利诉求的人群都有机会表达他们的利益诉求，因此，科学立法的前提是民主立法，一定要让利害关系人有机会表达自己的利益诉求。立法法特别强调利害关系人要参与到立法决策中去。

那么，制度设计科学了，每条道路的设计都符合各方利益了，结果偏偏有人不走自己的路，偏偏有人让别人无路可走，这个时候怎么办？必须要严格执法，否则的话就会有人想，他可以随意违法，为什么我不能？他可以选择一条更方便的道，为什么我不能？严格执法不是抓遍坏人，而是真正做到有一定频度的随机性执法，而非选择性或者运动性的执法。选择性或运动性执法产生的效果是人们不会敬畏法律或者暂时偃旗息鼓，不能达到具有普遍威慑力的目的。所有坏人都被抓住只是一个理想状态。法治只需要在人们心目中形成一种普遍的认知：只要犯错就有可能被抓，这就足够了。久而久之，人们自然会明白“走别人的路”对自己的伤害，而选择“走自己的路”。不管是谁，只要违章就要被惩罚，久而久之人们就会明白要各行其道。

不过，当有人不小心崴脚了，走在了别的路上，结果被抓住了，这时候他需要有个能够讲理的地方，有人能够替他做主，有人能够真正听他讲道理，这个时候就需要有一个中立的、公平的司法机关，所以要公正司法。当我们都感受到了这样的道路设计对每一个人都有好处的时候就会自觉维护交通状况，这时候就有可能达到全民守法的境界。我在荷兰的时候，有一次由于人行道上人特别多，就走到了自行车道上，结果马上被一个荷兰人拉过来，他对我说你千万不要走那条道，在那条道上走被自行车撞了是白撞的。荷兰普通人已经体会到各行其道带来的好处、便利和利益最大化，进而便会主动地维护这种各行其道的法治状态。

根据我国住建部 2016 年 3 月的要求，城市道路建设要优先保证步行和自行车出行。依据专项规划，新建及改扩建城市主干道、次干道，要设置步行道和自行车道，城市支路和居住区道路，要设置步行道。

其实，不仅仅是道路问题，还有工作、生活中的很多问题，都是因为“走了别人的路”，别人再“走别人的路”。现代社会是一个分工明确、各司其职、各尽所能的社会，这样的社会才会利益最大化，逆之而行非国家社会之富，乃法治不彰之过。

党的十八届四中全会用“前所未有”来描述深水区的中国改革：改革发展稳定任务之重前所未有，矛盾风险挑战之多前所未有。党的十九大强调蹄疾步稳推进全面深化改革，坚决破除各方面体制机制弊端，改革全面发力、多点突破、纵深推进。这必然要求法治在其中发挥其应有的作用。

延伸阅读 Extended reading

法治的内涵

亚里士多德在《政治学》中界定法治应包含两重意义，已成立的法律获得普遍的服从，而大家所服从的法律又应该本身是制定得良好的法律。

戴雪在《宪法性法律研究导言》里，阐述了“法治”的三层含义：首先，法治意味着正规的法律至高无上或居于主导地位；其次，法治意味着法律面前的平等；最后，法治可以用作一种表述事实的语式，这种事实是，作为在外国自然地构成一部宪法典的规则，我们已有的宪法性法律不是个人权利的来源，而是其结果，并且由法院来界定和实施。

约瑟夫·莱兹提出了法治的八条原则：第一，法律必须是可预期的、公开的和明确的。这是一条最根本的原则；第二，法律必须是相对稳定的；第三，必须在公开、稳定、明确而又一般的规则的指导下制定特定的法律命令或行政指令；第四，必须保障司法独立；第五，必须遵守像公平审判、不偏不倚那样的自然正义原则；第六，法院应该有权审查政府其他部门的行为以判定其是否合乎法律；第七，到法院打官司应该是容易的；第八，不容许执法机构的自由裁量权歪曲法律。

菲尼斯认为：第一，规则是可预期、不溯及既往的；第二，规则无论如何是能够被遵循的；第三，规则是公布的；第四，规则是清楚的；第五，规则是相互协调的；第六，规则足够稳定以允许人们依靠他们关于规则内容的知识而受规则的引导；第七，适用于相对有限情形的法令和命令的制定受公布的、清楚的、稳定的和较为一般性的规则的引导；第八，根据官方资格有权制定、执行和适用规则的人，一要对于其操作的规则是负责的、可靠的，二要对法律的实际执行做到连贯一致并且与法律的要旨相符合。

罗尔斯认为，法治就是指法律得到经常与公正地执行。为了确保法治原则的贯彻执行，罗尔斯提出了四条正义准则：第一，法律的可行性；第二，类似案件类似处理；第三，法无明文规定不为罪；第四，自然正义观，即用以保持司法程序完整性的方针。

哈耶克认为，法治概念里包括以下因素：第一，法律是保护自由的；第二，法律面前人人平等的原则；第三，政府的权力应严格限制在合法的范围之内，不能侵犯个人自由的领域。哈耶克在其代表作《自由宪章》一书中对法治原则进行了详细的阐述，其主要内容是：第一，法的普遍性与抽象性；第二，法的确定性原则；第三，法的普遍有效性和平等原则；第四，权力分立原则；第五，限制行政裁量权；第六，基本权利和公民自由；第七，程序保障。

“社会稳定”与“法治秩序”
——国家治理策略的抉择

社会主义和谐社会的六大基本特征之一就是“安定有序”。无论是倡导“社会稳定”，还是主张“法治秩序”，都是致力于使国家处于安定有序的和谐状态。但细分起来，“社会稳定”与“法治秩序”代表了两种不同的国家治理策略，从内涵、外延到实现手段、作用效果都有所不同。具体表现为以下几方面。

一、基本内涵

“社会稳定”从字面理解，是指“社会稳固安定，没有变动”。可见，这是一个静态的概念，它更关注事物外化的表象特征，如数量的增减、质的改变等；而“秩序”解释为“社会有条理，不混乱”。它强调一种动态的平衡，更关注事物内在的条理性，如结构、性质、成分在排列组合中的变化。比如一个苹果在快要腐败前，我们用肉眼看这个苹果，仍然可以说它是稳定的，但是它的内部分子结构已经发生了变化，内部已然处于无序的状态。社会也是如此，风平浪静的“稳定”下面往往波涛汹涌，暗藏着各种突发因素；而“秩序”虽然看似表面纷繁复杂，实则各种力量在法治的轨道上相互对冲，井井有条，既自由又普遍地遵守规则。

二、正当性

“社会稳定”具有很强的包容性，既包容了正当行为也包容了非正当行为。为了达到“稳定”的效果，有时也允许牺牲正当性。不过牺牲“正当性”的做法虽然可以解决一时问题，但却留下了长久才能显现出来的更为严重的后果：一方面使公民无所适从，没有明确的是非准则;另一方面变相鼓励了“刁民政治”,通过不正当方式,比如“暴力抗法”获取过当利益。“法治秩序”则必然具有正当性,即合法性。“法治秩序”自身的规定决定了人们对自身行为的后果是可预期的，它以法律规定的形式确定地使正义公平得以张扬，罪恶遭到惩戒。它首先肯定了多元利益以及不同的诉求并设计了相应的利益表达、利益诉求、利益约束和利益保障机制。使利益诉求在正当性的前提下以确定规则的形式得以实现或救济，而不需要通过成本更高的其他方式来实现。

三、民主参与性

社会主义和谐社会要求社会主义民主得到充分发扬。离开法律秩序的“稳定”，不注重社会公众的参与，或者说公众参与没有条理性，其公众参与主要出于政治的考虑。因此“稳定”中的参与具有较强的随意性，有时民众参与，有时不参与，它渗透到社会的各个领域，没有形成规范化的制度，所以“稳定”中的公民参与经常造成不确定甚至成为不稳定的因素。而“法治秩序”的形成本身就是民主决策的结果,它注重培养自由的民众参与机制。在实际中,摒弃法律秩序的“稳定”不强调公众参与,而以法律秩序为核心的“秩序”让公众把好两头,即通过民主制度使民众充分参与到决策的制定和决策的监督层面，中间的法律及决策的执行与适用则交给更为专业的人士，这既符合现代化的社会分工,也有利于提高效率和防止无政府状态。一旦出现问题，通过相应的保障机制来解决。特别是发挥舆论探寻真相的作用，提供给公民参与的充分信息。“松花江水污染事件”以及最近发生的“杞人忧钴事件”都说明了这一问题。

四、目的

社会主义和谐社会要求社会充满活力，因此，自由是和谐社会的基本特征和要求。“社会稳定”重视结果，不重点考虑是否实现自由和权利，甚至会有社会稳定与自由权利冲突的论调，认为正是自由影响了社会稳定；而秩序则仅仅是实现自由的手段，自由是秩序的目的和动力。“稳定”则担心自由行动，而一旦形成群体性行为就没有日常的规范化制度加以疏导。而“秩序”告诉人们可以自由行动但不是所有的具体的自由行动都值得一试。危害国家安全的行为被明确地予以禁止，对社会的不满可以通过合法途径，如言论、游行、示威等法定形式表达。自由与权利不足虽然短时间不会显示出危害性，但一旦显现造成的危害则是巨大的。

五、实现手段

从手段上看，“稳定”更倾向于政治手段调解纠纷，更注重国家强力的作用；而“秩序”主要运用法律手段解决纠纷，它更注重内在的形成机制。正如法律箴言:“秩序并不是一种从外部强施于社会的压力，而是一种从社会内部确立的平衡。”“稳定”不希望看到不满，这并不符合矛盾普遍存在的原理，所有的“情绪”都通过国家强制力使其隐藏起来，但却忽视了由于政治性所带来的非规范性可能引起的更大的不公正以及造成更严重的纠纷。而“秩序”首先承认冲突的普遍性，并通过设计交流平台，对话、协商机制来解决冲突，通过自由的辩论探讨形成共识，通过制度疏导使不满发泄出来，释放抑郁，如果这种情绪是合理的，那么通过制度为之解决，如果是不合理的，必然被更多的人所反对，而不至于久而久之形成大范围的随时可能迸发的力量。“秩序”使政治国家与市民社会的张力被规范化的公民间的博弈而消解，国家不必再做痛苦的家长，而只需做防止逾越的藩篱。这既有助于国家轻松有效的治理，也有助于公众从公正的立场解决问题。

六、效果

早在200年前，托克维尔在考察美国民主政治，并比照法国时就曾表达过对权利与自由欠缺足够的关怀而造成社会动荡的担忧，其后法国革命也验证了托克维尔的考察。公民享有充分的权利是公民主体意识或者说主人意识的前提条件，唯有如此，公民才能更加关心社会事务，重视社会安定，也深知任何危害社会安定的行为都将损害他们的切身利益。托克维尔的观察说明只有建立自由与权利充分保护的秩序，才更有利于健全人性，激发公民的主体意识和参与意识，生成对国家、社会、他人的责任感、认同感，使社会长治久安。

中国传统社会是个“治”“乱”循环的社会，周期性的社会动荡不断地把社会拉到原来的出发点，造成社会资源的极大浪费、民生的凋敝和社会的倒退。之所以无法打破这个周期率，很重要的因素就是公民与国家这对对立统一的矛盾体一直没有找到有效的策略调和。那么二者间的张力是否有一个节点，使社会处于公民权利充分保障和国家井然有序的状态呢？秩序或许是当代社会找到的一剂良方。秩序是一个法治命题，是法治的核心价值，是人类经验的结晶。传统的保持社会安定的方法和传统的表达不满的方法已经不适应民智已开、利益多元的社会。传统治理策略中求稳怕乱，为了表面安定不惜一切代价的方式既增加了维稳的成本，也未从根本上解决问题。法治秩序实现的不是表面的风平浪静，而是充分享有自由与权利但又在法律之下的秩序。时代变迁决定政治家的治理策略朝着更适应多元化社会的需求，更有利于维护公民的权利，更有助于促进社会良性发展的方向做出更为明智的抉择。

落后不是中华文明的代名词，故步自封，不思进取更不是中华民族的性格特点，也不是人类的性格特征。通过法治思维和行为方式，我们能够使一个国家由熟人社会，遇事找关系逐渐向契约社会，遇事按照规则办转变；能够使一个国家从国家权力至上，人人朝着金字塔尖拼搏逐渐向公民权利至上，社会多元，共同治理转变；能够使一个国家从相信经验，迷信古人、感性思维、道德立国逐渐向相信科学，着眼当下与长远、理性思维、依法治国转变。

李勇：《“社会稳定”与“法治秩序”——国家治理策略的抉择》，《学习时报》2010 年 11 月 4 日

肯尼亚宪法改革模式与埃及革命模式——非洲两国模式比较及启示

在庆祝“八二宪法”颁布三十周年之际，关于中国宪法改革的呼声也日益高涨。远在非洲大陆的诸多国家，宪法改革正方兴未艾。其中，肯尼亚十分具有代表性，肯尼亚宪法改革中提出了很多与以往不同的思想，也在民众中掀起了一场宪法意识的改革。而非洲埃及则在民众革命的迫使下进行着自身的宪法改革。作者不揣冒昧，尝试对两国的变化进行比较分析，并希望从中得出一些启示。

一、肯尼亚宪法修改与社会转型

（一）背景

肯尼亚人民经过多年的努力，终于在 2010 年 8 月，全民公投以 67.25％的支持率通过了代表现代文明精神的“新宪法”。在这部“新宪法”通过之前，分析人士认为，通过这部宪法必然引起肯尼亚种族骚乱并一发不可收拾。但结果是仅仅几声枪响后，这部宪法就顺利得以通过。现在我们看到的肯尼亚宪法是经过肯尼亚全民大讨论反复修

改而成的，因此当问及肯尼亚知识分子“新宪法”时，无论他们是“搞物理”的还是“搞化学”的，每个人都像宪法学家一样，如数家珍般地向你解释“新宪法”每一条文的缘由和好处。通过这次修宪，在肯尼亚民间掀起了一次宪法普及的运动，既建立了分权与制衡的国家政治体制，也是一次十分有效的全国范围的公民意识教育。

（二）肯尼亚新旧宪法比较

1. 结构的调整

肯尼亚在这部“新宪法”实施之前，实行的是1998年制定2001年修订的宪法，“新宪法”与“旧宪法”明显的区别在于，“旧宪法”的设计更加粗犷一些，“旧宪法”加修正案共计75页，特别是维护统治的意味浓厚；而“新宪法”则更加详细，有206页之多，“人民国家”的感觉更浓重一些。“旧宪法”开篇声称“肯尼亚是一个主权共和国”，“宪法在全肯尼亚具有强制执行的效力”；而“新宪法”则首先提出“人民主权和宪法的最高性”，文本的用语也更加柔和，使用了“宪法维护”来强调全民应当遵守宪法。结构上，“旧宪法”条文顺序首先规定了国家的权力，而权力中首先确认了总统、副总统的权力，然后分别是内阁、行政、议会、司法权，之后是公民的权利与自由、经济、公共服务等。而“新宪法”则分别规定了主权在民、宪法至高无上、公民权利与自由、土地与环境、财产权、人民的代表权、然后是立法权、行政权、司法权、国家治理的原则等（规定了政府进步的目标、原则、政府治理的方式、政府治理的边界、政府监督等）。

2. 内容的变化

(1) 公民权利

在人权法案的规定中，“新宪法”总则肯定了人权法案的地位：人权法案是肯尼亚民主国家不可分割的一部分，是社会、经济、文化的脊梁。组织和保护人权的目的是维护个体和集体的尊严，促进社会公正和实现人的潜能。值得注意的是，“旧宪法”提出，根据宪法，肯尼亚的每个人都被授予基本的权利和自由……而“新宪法”则提出，人权法案中规定的基本权利和自由属于每个人,不是国家赋予的。“新宪法”还规定，法院有权对法律没有规定的权利和自由以立法和采纳最有利于维护权利和自由的方式进行解释，进一步强调，在解释人权法案时，法院或者其他权威机构要有助于提升以建立在人的尊严、平等、公正和自由为基础的开放的民主社会的价值；有助于提升与人权法案精神、目的一致的价值。“新宪法”根据“无救济即无权利”的法律原则，还详细规定了权利法案的执行和救济程序。

“新宪法”较“旧宪法”在权利规定的体例与内容上也更加规范和完整。较“旧宪法”的体例，“新宪法”将每一项基本权利都概括出来,还增加了“人性尊严”“隐私权”“媒体自由”“获得信息权”“集会自由”“环境权”等，并特别详细规定了保护孩子、残疾人、年轻人、老年人以及少数人群的正当权益。“新宪法”同时组建特别委员会，即人权和平等委员会，专门负责人权保护的事宜。只要肯尼亚公民认为政府或私人机构侵犯了他们的宪法权利，都有权向这个委员会提出申诉，这个委员会的具体作用是：①促进人权尊重以及在肯尼亚形成人权文化；②促进总体上的性别平等与公正；③促进在公共和私人机构中的人权保护；④对于各个领域，包括国家安全机构的人权保护的监督、检查和报告；⑤接受并检查对于侵犯人权的控诉并且采取合适的方法对被侵害的人权予以恢复；⑥主动或者根据申诉发起涉及人权事务的调查和研究，并提出建议，以改善国家机关的运作；⑦作为国家的主要机构，确保执行与人权有关的法律法规条约的义务；⑧调查国家事务中的任何行为，或者在政府任何领域里的公共行政中的行为或疏漏，即那些被指认或怀疑有偏见或不适当或者导致任何不适当或偏见的政府行为；⑨调查滥用政府权力、不公平对待或者违法、压迫、不公正或者迟延作为等的政府行为的申诉；⑩对于⑧、⑨款的被调查的申诉做出报告，并采取补救措施；⑪ 执行法律所规定的其他职能。

（2）政治体制

“旧宪法”在诸多国家权力中最重视总统、副总统的权力，并置于宪法之首，然后是行政权、立法权、司法权；而“新宪法”中国家权力的顺序则为立法权、行政权、司法权。在政治体制的架构上,"新宪法"更符合权力运行的特点,在立法权上强调民主的重要性,行政权上则强调效率的价值,而在司法权上更强调它的宪政功能。在立法权的规定上,"新宪法"与"旧宪法"的明显区别在于"新宪法"详细规定了选举的体系和过程。肯尼亚的政府选举规定了以下五条原则:①公民自由地行使自己的政治权利;②不超过三分之二的被选举公共机构成员为同一性别;③残疾人获得公平代表;④公正而平等地普选;⑤自由公正的选举应以下列方式:(a)以无记名投票方式;(b)免受暴力、恐吓、不当影响或腐败;(c)由一个独立机构进行;(d)透明;(e)以一个公正、中立、高效、准确和负责任的方式管理。在"无救济即无权利"的原则指引下,也设计了专门的独立选举委员会,负责争议的调处和解决。"旧宪法"将立法权置于总统和议会,而"新宪法"则更注重分权的精神,将立法权回归国会,并将过去的一院制更改为两院制,更强调民主与精英政治的结合。"新宪法"大大加强了议会在制衡总统权力上发挥的作用,立法机关有权视实际情况弹劾总统,有权传唤各内阁部长以及国内高级事务官参加听证会,这大幅度加强了对国家行政机关的监督。此外,"新宪法"还保证利益代表的广泛性,规定,众议院中有至少47位女性议员以一州一名的方式从各州县中选出,12名特殊群体的利益代表,他们代表青年、残疾人和工人的利益。参议院中要保证至少有16名女性代表,另有一男一女两名代表青年人的利益、一男一女两名代表残疾人利益的议员。

"旧宪法"中行政权由总统与总理共同行使,两个国家权力中心在行使行政权中难免龃龉,既大大降低行政效率,也由于制度缺陷造成可能的内斗。而"新宪法"确定了总统民选的原则与程序。选举委员会对总统选举进行监督,该委员会为完全独立性机构且不在总统管辖范围。"新宪法"既赋予了总统绝对的权力,避免了行政权多元对效率的损耗,同时又取缔了那些可能滋生总统独裁以及高层腐败的特权。

司法权方面,"新宪法"将许多法律原则加进来,如:①司法普遍适用,无论当事人地位如何;②迟到的正义非正义;③解决争议的替代形式，包括和解、调解、仲裁和传统的纠纷解决机制都应促进争端解决机制为目的；④司法裁决须经正当法律程序；⑤遵从宪法的目的和原则。并且规定，传统的争议解决机制，如果违背人权法案、是非正义或者非道德的，或者导致不正义或不道德以及与宪法法律不一致的，不得再使用。“新宪法”进一步确立了司法独立的原则，规定了人事、财政的保障制度。为确保法官独立公正行使审判权，还设立了法官服务委员会。

此外，在国家与地方关系问题上，强调相互尊重，相互合作，为了提高地方工作的积极性和主动性，维护好少数民族的利益，“新宪法”确立各级政府管理地方财政、地方自治的治理策略。在财政事务上，提出凡涉及财政的相关事务，必须有开放性和问责制，公共财政体制应促进社会公平。并强调:① 税收负担应地方与中央公平分担;②国家提高的税收收入应在中央与地方间公平共享；③支出应促进国家的公平的发展，特别是边缘化的群体和地区。此外，还规定要实现代际公平，不但要考虑当代人，也要考虑后代人；公帑必须谨慎和负责任的使用；财务管理责任应落实，财政报告应清晰等。

正如我们所知，现代社会治理中，独立机构正在发挥着越来越重要的作用，肯尼亚宪法设立了多个对社会事务有重大影响的独立机构。除了上文提及的人权委员会、独立选举委员会、法官服务委员会，还有宪法执行委员会、国家土地委员会、道德与反腐败委员会、财税委员会、公共服务委员会等。

这次修宪成功首先是因为肯尼亚各方一直呼吁修宪历经 20 载，人民意识到肯尼亚出现的各种社会问题的主要的、根本的原因是宪法中的根本政治制度和公民权利保护制度设计得不够科学和合理，这是修宪成功的根本原因。当然这次修宪有其特殊的政治背景，以总统为首的主要政治势力达成一致是这次修宪成功的重要外部原因。内外原因综合作用促成这次修宪成功。顺便提及的是,即便肯尼亚“新宪法”较“旧宪法”有明显的改善，符合社会发展潮流、符合广大人民群众的切身利益，仍然有 30% 多的人不支持。可见，并不是所有人都能够支持利益进行调整，但历史的趋势是不可避免的，社会终究会按照自身规律去发展。

二、埃及革命与社会转型

（一）背景及原因

1 月 25 日是埃及法定的警察假日，这一天也成了近 30 年执政埃及的穆巴拉克的终结日。在 2011 年 1 月 25 日至 2 月 11 日，超过一百万人抗议穆巴拉克的统治，走上街头游行示威，提出实现民主权利以及总统胡斯尼·穆巴拉克下台等要求。2011 年 2 月 11 日，副总统奥马尔·苏莱曼通过国家电视台宣布，穆巴拉克已经辞去总统职务并将权力移交给埃及武装部队最高委员会。

有人说，这次革命的“始作俑者”，主要是“初生牛犊不怕虎”的埃及 80 后、90 后年轻人。“推特”（Twitter）和“面书”(Facebook) 是埃及能够革命的重要原因。而埃及分析家认为，“仅仅失业与贫穷不会导致政府被推翻”，“仅仅困苦的经历也不会导致人民去反抗”，“推特”和“面书”更不是埃及革命成功的主要原因。虽然“面书”是一个重要的新闻来源，但只有 17% 的人是通过互联网得到的消息。埃及革命并非是偶然、简单的事件，而是长期的社会不公正，包括社会财富、资源、岗位等分配不公等的积累和总爆发。近年来，埃及经济取得了长足的发展，然而，埃及的大幅度经济增长却使财富越来越集中在少数人手里，穷人手中的财产随着通货膨胀越来越少；民主的呼声与民主的实践间的差距越来越大。在父权式的国家里，不同于其他类似国家可能会以较少的自由换得高品质的国家服务，埃及人两样都得不到，因此这种生活质量的双重降低使埃及人认为这个旧政权不是一个慷慨的过度保护民众的“父亲”，而像一个不折不扣的监狱。埃及作为一个阿拉伯大国，地区影响力日渐式微，在巴以问题上处理不力也是这次革命的重要导火索。此外，本·阿里在突尼斯的下台极大地鼓励了埃及人摆脱政治宿命论的束缚。

全球知名的民意测验和商业调查机构，盖洛普（Gallup）公司曾做了一个广泛的社会调查，或许能够使我们更清晰地看到这次埃及革命的内在原因。这组数据时间包括革命前几个月，采访的对象是15岁以上，不同性别、不同年龄、不同地区、不同教育程度的埃及公民，由于其广泛的代表性和时间跨度，向我们展示了导致革命的社会因素，主要包括：

1. 埃及的经济发展成果没能得到埃及人民的共享

一般而言，社会福祉与GDP有一定的关联，因为公民通常会从自己国家的经济增长中受益。例如，经济增长通常会提供更多的创业和就业机会。然而在埃及，虽然2010年的国内生产总值增长约5%，但调查显示，与其他类似增长国家相比，埃及人享受的国家发展成果相当少，低工资和高通胀并行更使之雪上加霜。盖洛普调查按照生活满意度,把公民分为“生机勃勃”“努力奋斗”“遭受痛苦”三种类型。尽管这些年埃及的国家财富增长不少，但认为自己“生机勃勃”的比例自从2007年一直在降低,“遭受痛苦”的人则与其他国家比起来高很多，埃及的比例大约为31%，而利比亚为8%，苏丹为13%。仅仅最富有的20%的埃及人认为2010年比过去的一年更好。

2. 国家自身的缺陷

公众对于政府提供的创业机会、就业机会、可预的经济条件、住房、社会服务、公共交通、自然环境、教育水平、年轻人发展的潜力激发等方面的满意度都呈下降趋势。2010年调查显示，仅房地产价格2010年较2009年就增长了10%；在保护环境方面，26%的民众满意目前政府对于保护环境所做的努力；而2009年的数字为41%；对教育体系的满意度也从2009年的61%跌到了2010年的56%。

3. 民主愿望得不到实现

调查显示，埃及人除了崇拜西方的技术，还有他们的民主思想。97%的人希望制定一部“新宪法”并保障言论自由；而四分之三的人提出了类似于埃及实现自由的希望。埃及人认为，民主能够促进社会进步，但在埃及无法实现。革命前认同这个思想的比例高达89%。是盖洛普调查的150个国家中比例最高的。而仅有4%的民众认为，他们能够向官方表达他们的意见，这组数据则是被调查的150个国家中最低的。

2005年和2010年，埃及分别进行了两次政治选举。但代表们并没有真正成为民众的意见代表，民众也无法向代表表达自身的利益。由于这些政治挫折，埃及人对自己自由的满意度再创新低。由2005年的77%将至2010年的47%。

（二）革命后埃及人的现状及愿望

1.坦诚当前状况恶化但对未来充满希望

2011年6月，盖洛普中心为了继续探寻埃及走向，在埃及一次革命刚刚结束，即2011年3月、4月间对埃及境内不同地区、年龄超过15周岁的1000个埃及公民又进行了一次面对面的调查。调查显示，人们不再相信任何领导，没有政治党派的支持率超过15%。埃及的经济局势、有关人民生活的医疗保障等正在恶化。更多的人表达了对犯罪率升高的担忧。受访者对当前生活水平的预期与前四季度相较呈下降趋势；但对未来的预期则有更多的埃及人表示乐观。83%的人认为，这个社会将会变得更公平、更自由。有趣的是，这次革命后，尽管埃及的生活水平有所下降，但更多的埃及人愿意留在埃及，而不移民他国。盖洛普调查了2008年、2009年秋、2010年春、2010年秋、2011年春人们对当前生活标准的满意度，分别为72%、79%、76%、70%、63%。也就是说公民对于革命后的生活满意度最低，但却有更多的人愿意待在国内，是这五个时间点中最高的。这也表明从长远看，埃及人对国家的信心。在“后穆巴拉克时代”，64%的埃及人认为，这个国家可以通过构建民主政府来解决埃及当前存在的社会问题；比较而言，只有34%的人认为这个国家必须由一个强人执政才能变得更好。

2.理性对待重建

埃及人相信非暴力的方式是纠正社会不公的最有效的方式。在对待传统的宗教问题和宗教冲突上也表现出冷静、理性的态度。在宗教问题上，埃及人表现出了中东少有的宽容态度，三分之二（67%）的埃及人不反对他的邻居有其他的宗教信仰，这个比例在中东地区仅次于黎巴嫩的76%。这为宗教多元化和宗教宽容奠定了良好的社会基础。针对宗教领袖的地位，调查问卷提出，① 宗教领袖在国家政治生活中有建议作用；② 宗教领袖在国家政治生活中有绝对的权威；③ 宗教领袖在国家政治生活中不发挥作用。④ 不知道。关于这个问题答案的比例分别为69%、14%、9%、8%。

3. 对未来领导人的希望

这次民众还对未来领导人提出以下希望：① 经济体制改革要与政治体制改革相伴去保证国家实现健康的过渡。埃及领导人必须举行人民所希望的自由与公正的选举和宪法公投。接受采访的十分之九的公民希望选举是公正、公开和真实的。在三月的宪法公投中，司法监控发挥了重要的作用。80%的公民对司法体系有信心，认为未来的选举应当继续利用司法监控系统。94%的民众对军队保障选举有信心，并希望电视等媒体能够教育和鼓励民众去投票。② 创造新的商业和工作机会。③ 通过强化国家统一和公民平等增进宗教间的和谐，而不是简单地推进“世俗国家”。④ 改革当地政府和机构。包括：地方的管理者从政治指派向直接选举过渡；研究创建当地警察部队的可行性来代替国家警察，重建对警察的信任；通过社区共建，邻里互助降低犯罪率。⑤ 全身心地去解决“巴以冲突”⑥ 重塑埃及形象，与美国构建良好的关系，实现相互尊重，互利共赢。

4. 在埃及美国关系问题上希望与怀疑并存

大约三分之二的埃及人不相信美国是真心实意致力于埃及的民主化建设，68%的埃及人认为，美国不是希望埃及人民能够掌控自己国家的未来，而是正在试图对埃及的未来政治施加影响。在对待美国援助上，虽然埃及当前十分需要经济上的支持，但大部分人（75%）反对美国针对某些特殊政治组织进行援助；形成鲜明对照的是，88%的民众仍然将美国作为他们的建国榜样。这也说明埃及人对待美国援助方面的冷静态度。他们明确反对的是美国的有目的的政治援助，而不是反对美国的政治原则。

民众对美国提出以下建议：① 通过支持民主原则保护埃及政体的独立性，而不是支持个别政治派别。② 把资金投在那些社会需要的、可视的贸易中，而不是所谓的“民主促进”上。③ 全身心地去解决“巴以冲突”。

（三）教训

当然，这次埃及革命也付出了血的代价和经济的巨大损失。包括：① 造成巨大的人员伤害。这次革命和示威造成大量人员伤亡。其中很多是年轻人。② 经济上蒙受巨大损失。旅游业是埃及主要经济支柱，为埃及提供 13% 的就业岗位和 11.3% 的 GDP。由于政局动荡，今年埃及游客数量比与去年同期减少 40%，损失超过 20 亿美元。埃及 8000 万人口中贫困人口占 40%，30 岁以下年轻人的失业率超过 50%。③ 革命的果实有被武力拥有者窃取的可能。在政治层面，革命将独裁者穆巴拉克送进了囚笼，却可能迎来军人独裁，“除了没有穆巴拉克，其他一切都没改变”。军方在交权方面拖拖拉拉，军方控制的临时政府还在 2011 年 10 月份提出了制定“新宪法”的“指导方针”，规定 100 人的制宪委员会中，80 多人要由军方指派；未来军方行事和军方开支，不受文官政府监督。这样的政治进程，完全背离了埃及社会的期待。

从世界范围来看，不同的国家有不同的民主模式，埃及的未来朝哪个方向过渡埃及人当前还存在着很大的争议。但毫无疑问，更广泛的全民参与，明确选举条件，宪法改革的范围和顺序等将成为埃及未来必须要做的。而当下，军队在埃及民主中扮演更为积极的角色，建立独立的司法体制，有效的安全部门都是必不可少的。

三、两种模式的比较及启示

（一）社会过渡方式不同

肯尼亚模式的社会过渡方式是由上而下的，是统治者面临内外双重压力以及社会机遇顺应历史潮流而为。而埃及模式则是自下而上的，是底层发现改革无望而诸多社会问题无法得到解决后的失望最终演化而成。

（二）社会破坏程度不同

肯尼亚模式只在零星枪响后就实现了宪法改革，对于社会及经济的破坏性很小；而埃及模式则造成了大量的伤亡，经济损失也比较惨重。

（三）宪法理性程度不同

肯尼亚宪法改革确定后，得到了大部分民众的支持，因此有时间、有条件进行广泛的社会讨论和比较全面的理性型构；而埃及则是社会矛盾的集中爆发，可以说没有明确的组织者，没有明确的一揽子纲领，因此来不及理性型构宪法，革命后在社会中还存在巨大的思想差异，只能依靠革命后不断试错，从而找到社会治理中共同接受的方案。

（四）公民意识的普及不同

公民意识往往是一个国家正常存在的前提和基础。培养公民意识一方面是权利意识，一方面是规则意识，也就是守法意识。二者往往相辅相成，不可分割。毕竟守法的前提是能够保护公民权利的良法。肯尼亚宪法制定过程中广泛征询意见，几乎每一个公民都能够深刻理解社会科学特别是宪法科学的科学性，成为一次重要的有利于社会治理的公民意识普及活动，未来也会更加理性平和地争取社会进步。而埃及模式则激发了人们不遵守法律通过暴力解决问题的意识。埃及本来就有不管“有理没理”都去游行示威的惯例，这次革命必然会加重这种意识。

（五）社会效果不同

肯尼亚模式实现了权力合法化，而实现的途径并未大幅度触及原来社会成员的核心利益，从长远而言也是维护了他们的利益。肯尼亚模式通过社会公平体制的重构，权利和利益的重新分配，调动全社会的积极性。而埃及模式则彻底剥夺了穆巴拉克为代表的传统势力的利益。埃及革命者明确表示，所有穆巴拉克及其家族在位时剥夺的广大人民的财富都要“吐出来”，而穆巴拉克这位阿拉伯世界的枭雄在笼中受审的一幕也足以让人震撼。然而，革命的果实现在仍然没有完全回到民主派的手中，反而被军方所窃取。

虽然尚不具备充分的时间条件检验肯尼亚宪法改革与埃及革命后的效果。但可以想见的是，制度，特别是顶层制度设计科学，其他权力配置就会更顺畅，经济运行就会更有活力，人民的权利就会更加有保障，人民生活就会更加有尊严和顺心。所谓顶层制度设计科学，核心就是宪法设计科学。判断一部宪法是否科学，关键在于是否是符合人性，符合人性的宪法既有助于促进社会公正，也能最大限度地激发人的潜能。人性中有善有恶，有野心有欲望也有互助友爱的一面。激发人性的野心就可以促进人类社会的进步。比如改革开放后，我们实行市场经济，倡导人权后，同样大小的中国土地却养活了比改革开放前多很多的人口。把人性中的恶设置上枷锁,通过权力分立与制约，权利滥用的限制以及责任与义务把恶性放在盒子里，那些妄图打开“潘多拉魔盒”的人随时都可能被确定无疑的制度所惩罚。同时张扬人性中的“善”，用制度保障“善”得到尊重和鼓励，促进人的素质提高和社会良好风气形成。

（感谢洪堡学者肯尼亚的 peterotieno 以及埃及的 Ayman Abdel-Hamid，Hamada Elsayed Ali 提供的很多宝贵资料。）

——李勇:《肯尼亚宪法改革模式与埃及革命模式——非洲两国模式比较及启示》,《政法论丛》2012 年第 3 期

SECTION 10

法治思维是依靠科学的制度来解决问题的思维习惯

社会纠纷的源头在于没有解决“凭啥”的问题,凭啥要排队?凭啥不能吐痰?凭啥要让座?凭啥不能抽烟?而让人们普遍遵守法律,除了执法者的权威以外,还要解决“凭啥”的问题。所以没有制度干啥都不行,但不是什么制度人们都愿意去遵守。

社会纠纷的源头在于没有解决“凭啥”的问题:凭啥要排队?凭啥不能随地吐痰?凭啥要让座?凭啥不能抽烟?凭啥警察必须要管老百姓的事?有问题“凭啥”不解决,人们的惰性、自利性就很容易占据上风。让人们普遍遵守规则,除了执法者要有合法性和权威,还要解决“凭啥”的问题。所以没有制度干啥都不行,但不是什么制度人们都会去遵守。

没有制度干啥都不行

网上有个段子叫“潘金莲的砒霜，武松的刀”，说的是潘金莲本来是张大户家的丫鬟，张大户想娶为小妾，自古美女爱帅哥，这是人类对美的自然追求。英雄救了美女，美女一看是帅哥，通常就说“无以为报，自当以身相许”。一看特别难看，就说“无以为报，来生再做牛马”。当然这是个玩笑，可是对美的欣赏确实是人的共性。潘金莲誓死不嫁大腹便便的张大户，张大户便把她许配给比自己长得还磕碜的武大郎。试想，如果有现代人权保障制度和婚姻制度，潘金莲就不会被迫嫁给武大郎，如果有现代离婚制度，她也完全可以选择法律途径离婚而不需要用砒霜来谋害亲夫。武松本来锁定了犯罪嫌疑人是潘金莲和西门庆，并希望通过法律途径解决问题，可是西门庆和县官是朋友，县官拿人钱财，替人消灾，妄图不了了之，没能发挥司法制度消解不满的重要作用，结果武松不得已选择用暴力来解决问题。历史上的悲剧往往都是制度缺位造成的。

几年前，我曾经到过一个小城，早晨走在一条小路上的时候，遇到一个人正在遛狗，狗身上没有系任何绳，狗随便跑，突然咆哮着向我扑来，我一脚就把狗踢一边儿去了。这时候狗主人跟我说：“这么小的狗都踢它，咬你一口怎么了，我有钱，我赔！”我这时“怒从心头起，恶向胆边生”，几种“思绪”迅速在脑海中盘旋。第一种，干仗，这是原始社会以眼还眼、以牙还牙的暴力思维方式，

为加强养犬管理，保障公民健康和人身安全，维护市容环境和社会公共秩序，根据国家有关法律、法规，结合北京市实际情况，2003 年 9 月 5 日北京市第十二届人民代表大会常务委员会第六次会议通过北京市养犬管理规定。

两败俱伤或打不过怎么办？后来冲动被压制住了！第二种解决办法，找他们领导去，恰好这个地方的领导我认识。这是熟人社会政治思维，我的问题或许能够得到解决，但那些不认识领导的人遇到这种问题怎么办？我的子孙后代如果还生活在这个城市，他们不认识领导怎么办？只能忍受这样的语言暴力，使自己痛苦或者与人干仗吗？这时候我回想到，在北京也遇到过这种情况，那个邻居虽然明显很不情愿，但也道了歉，而不是这么有底气地讲“咬你一口怎么了”。在德国，牵狗的人通常很谨慎，决不允许这样的情况出现，难道狗的素质也有高低？当然这是不可能的，但是这个城市里的人为什么这么有底气呢？事后我了解，这个城市没有养犬管理的细化规定，人们在公力救济不明确时，难免自己制定个“法则”。而在北京我之所以得到了道歉，因为那个邻居知道那么做是不对的，大家可以随处看到关于养狗的一些提示。而在德国如果被狗咬一口，“发财的机会就来了”。所以说无关狗的素质，关键在人，并非人有多大不同，关键在制度。

还有一次我在机场赶飞机，两个小伙子并列站在扶梯上堵住了道路，我因急于登机，请他们靠右站立。其中一位小伙子问了一个非常好的问题，他问“哪写着呢？”这个问题问得特别好，比“凭啥”更进了一步，如果有明确的告知，我可以向右站立，否则你没权力管我。当然小伙子嘴上这么说，行动上也给我让路了。北京机场还是很给力，我发现扶梯右侧确实写着请靠右站立，我指着字朝后面的小伙子说，“你看，这写着呢！”从这些事情中我们可以看出，在生活的方方面面，即使是很小的一个点上，如果没有制度的调整，难免产生纠纷和争论，难免有戾气，难免不和谐。

我们说的法治思维，就是要从这些表面现象分析入手，找出其背后的深层次的原因，设计出一套规范的、行之有效的制度，在根源上解决问题，避免类似情况的发生。大到国家治理，小到百姓生活，都是一个道理。

我乘坐公交车的时候，发现一个社会现象：老人站着，坐黄座的人不约而同地把脸朝向了窗外，或者玩手机。为了抢座位，生活中不少为此起冲突的事件发生。有个女孩到了生理期很累，没给一个老太太让座，老太太在公交车上骂了十分钟。有一个老人拿着残疾证给年轻人看，年轻人以为他要钱，结果没搭理他，老人一下子把年轻人拽到旁边。有人说“人心不古了”，有人说“坏人变老了”。我们不评论谁对谁错，只是我们看到纠纷产生了，社

会有矛盾了，这不是我们希望见到的社会状态。我们要问：什么情况下能避免这种纠纷？每次上公交车，都会听见把座位让给老弱病残孕的广播提示，地铁上说请把座位让给“有需要的同志”。我站着上了一天的课，我不就是有需要的同志吗？“有需要”如何判断？一个年轻人，但他可能有特殊情况，他可能生了重病，难道不能坐吗？各有各的立场，争议就此产生了。有些国家和地区之所以没有类似的纠纷，根本原因是他们的规定很细致，黄座在没有老幼病残孕的时候谁都可以坐，但是一旦有了就必须让，不让要承担赔偿责任。而黄色座位数量也有规定，一般是车上座位数的三分之一左右，而其他的座位你完全可以不让，让与不让是你的自由，当然，让座也很值得鼓励。通过制度细化到调整到每一个可以想到的利害关系，帮助每个人作出恰当的预期和判断，所以没有矛盾。大多数纠纷都不是依靠道德或者人们的自行判断和取舍就能够避免的，还需要法律作出更明确的利益衡量。“互相照顾”“互相谦让”这些词正是立法怠于做出有效利益调整。

其实，今天所有看起来彬彬有礼的国家，都不是生来如此。

欧洲人、美国人、日本人天生就会排队？那是有制度来制约他们的行为。比如日本规定，在公共场所插队、制造噪音妨碍近邻安宁且不接受公务员制止，在公共场所吐痰、大小便者，或让人吐痰、大小便、在公共场所举止粗暴、制造麻烦等都要受到法律的严厉制裁，最高可罚款相当于 6 万多元人民币。为这点小事被罚那么多钱不值得啊！所以人们就自觉地遵守规则，大家都规范自己的行为，整个社会不就好了吗？

下图是我在北京的一座公园里照的，“提高降噪意识　保护优美公园”。讲得多好啊！讽刺的是，晚上就在这个标语的附近，跳舞唱歌者比比皆是。标语写着有降噪意识，但人们就是不听怎么办？如果规定这样做违法，并处以罚款。对于公民而言，与其罚款，不如上 KTV 厅去唱，这事就解决了。

我们看到一些人到外国旅游，小孩随地撒尿，人家嘲笑我们，但我们确实没有从法的层面来禁止过这样的事情，也不知道他们

有法律禁止这样的事情！北京发布了最严“禁烟令”，有一次我在北京南站，看到一位男士躺在长椅上吸着烟，我告诉他不能在室内吸烟，他很鄙视地看了我一眼继续抽他的烟，我随后就打电话报警了，警察来了，制止了他。这正是由于北京有禁烟令，我才敢制止他，否则我的这个行为最终导致的不是大吵一架，就是大打出手。所以我们向现代化迈进，核心仍然是设计好制度来解决存在的问题。

胡适曾说，一个肮脏的国家，如果人人都开始讲规则而不是谈道德，最终会变成一个有人味儿的正常国家，道德自然会逐渐回归。一个干净的国家，如果人人都不讲规则却大谈道德，人人都争当高尚，天天没事儿就谈道德规范，人人都大公无私，最终这个国家会堕落成为一个伪君子遍布的肮脏国家。简单要求自律通常都是制度漏洞较多时采取的一种策略，在历史上效果一直不明显，特别是统治者自己通常都做不到。遵从符合人们普遍利益的可预期的制度而不是人治社会的“灵光一现”，已经成为现代社会治理的主要方式，被认为是人类社会利益最大化的选择。

以前的环境保护法，有一些地方不科学，比如某件事只规定限期三个月整改。结果调研的时候发现很多地方这么做：环保部门说限期三个月整改，环保部便去挂牌限期三个月，三个月之后又挂牌，循环反复自己挂牌，目的是自己免责，但是污染问题根本没有得到解决，所以新的环境法修改了这方面的规定，不整改按日计罚，这就是制度。如果制度不科学、有漏洞就很容易让人钻空子，所以首先要有智慧把制度上的漏洞补齐。

再谈谈失业救济。一些国家在失业救济上的做法兼顾了平等权与社会公平。一个人失业了，国家提供社会保障，但失业者在领取失业救济之前，必须到职业介绍机构登记，表示愿意接受职业介绍机构提供的就业机会。在领取失业救济期间，失业者必须定期报告求职情况，并且要按照当地失业保险机构约定的时间面谈或面试，否则将被取消领取资格。从三个月到一两年不等，国家提供一个职位，这个人觉得不适合自己，调整后又提供了一个职位，这个人还不愿意去干，那么他将真的失业，国家将不会继续提供社会保障。同时，失业救济金逐步递减，以促使失业人员重新就业。比如，法国规定，失业救济金初始标准为日基准工资的 57.4%，其后则每 4 个月调低一次。此外，国家还采取一些措施鼓励失业者再就业或从事临时性工作。日本规定，失业保险金支付期限为 300 天，但如果提前重新就业，其剩余支付期限在 200—300 天者，可以继续领取 120 天的再就业补助金；剩余支付期限在 150—200 天者，可领取 70 天的再就业补助金；如果失业者在其失业津贴领取期结束前 100 天或还剩一半的时间就找到合同在 1 年以上的相对稳定的工作，则可领取 30—120 天再就业补助金。由此可见，平等思维不是鼓励不劳而获，而是社会公平基础上的平等。

不是什么制度人们都愿意去遵守

生活中我们存在大量制度，但许多制度人们并不愿意遵守。这是什么原因造成的？科学的制度需要哪些条件？

1. 民主立法

所谓科学立法就是每一个利益群体都有机会表达自己的利益诉求并博弈。我们知道，所有人都是自己利益的最好判断者，哪种利益在法律制定中缺失了，哪种利益就可能得不到保护。

我上课时曾经和学员互动，做了个小实验，请学员假想自己是人大代表，老百姓可以通过室内的监控器看到他们的行为，请他们基于良知和知识做出自己的选择，如果怠于行使职权，以后可能就当不上代表了。然后请他们对以下两个议案进行审议并表决：一个是不得随地吐痰，否则罚款 100 元；一个是男士不得把尿尿到小便池外，否则也要罚款 100 元。这个实验做了 20 余次，结果都相同，第一个议案绝大多数人都投了赞成票，第二个议案多数都投了反对票。我认为多数的选择也是我的选择，也是我认为的理性的选择。有一些同志希望能给科学立法设计出一些原则，或者告诉他们到底哪些能立法哪些不能立法。其实通过这个实验，我们就会发现，科学立法没有想象中那么难，只要立法的人有监督有保障有颗差不多的公心，就基本能够做到科学立法。我们今天的立法法也一再强调加强公民参与、加强利益攸关方参与，发挥人民代表的作用，加强与选民的联系等，这些都是民主立法的基本要求。

马克思说过："人们奋斗所争取的一切都和他们的利益有关。"毫无疑问，自己才是自己利益的最好维护者。只有老百姓或者其利益的代言人能够参与到立法决策中来，他们的利益才能有保障。因此，我们说，民主立法是科学立法的前提。民主制度不但确保当事人的利益得到关注，而且确保立法者敢于做出利益衡量，敢于拍板。当然，民主也不一定会带来繁荣和正确，民主也需要以某种形式加以规范和制约，比如间接选举，司法中立，等等。否则如同希腊等国家那样，民众宁可国家破产也绝不减个人福利之分毫，显然这种结果对于一个国家、最终对于每一个公民而言都是不幸的。当然，在此之外还有一些原则应当引起注意。

2. 必要性原则

在一个地区的海边，这头是大海，那头是大学和大量的住宅区，人们想穿过铁路去看海是很自然的愿望，这是正常人的愿望。而

不穿行铁路需要绕大约两公里的路。铁路边上有一个标语牌——"严禁穿越铁路"，但每天至少有数以千计的人穿越了这条铁

路，为什么人们选择突破制度？为什么要走捷径？因为这个规定不合理，这时候应该设计出一条地上天桥和地下通道，凭什么让人再走上千米的路才能穿越海边？有人说，我天天派人看着，穿过就罚 100 元，这下没人敢穿了吧？没错，但人们就会怨言四起，执政能力就受质疑了。更坏的是，人们会渐渐地不再相信规定、法律，这对法治国家的损害就更大了。

生活中有大量的“严禁”“不得”“禁止”，但这些规定许多是可以用很合理的办法来解决，是可以用“地上天桥”或“地下通道”这样的疏导式的办法的，但一些地方为了避免麻烦，并把自己的责任排除在外，偏偏选择了“禁止”。法治希望有疏导的办法便不用禁止性的办法。

没有必要，勿增权力，这也是一条法治原则。这个“必要”应做严格解释。制度设计首先应以方便群众为原则，如果没有增添利益，却增加了群众的负担，宁肯不要设计。制度设计不当，不仅仅增加百姓负担，也会增加管理者的负担。每一项立法或者每一个措施其设计和实施都应该更有利于保护公民的自由与权利，提供更多的方便，这样的制度也会得到更多的拥护，更容易得到遵守。根据立法法，没有法律或者国务院的行政法规、决定、命令的依据，部门规章、地方政府规章不得设定减损公民、法人和其他组织权利或者增加其义务的规范。

3. 比例原则

比例原则要求政府使用权力而造成的不利影响应被限制在尽可能小的范围和限度之内，应符合适当的比例。简单来说，不能拿芝麻换西瓜。有一个县禁止在占道和流动摊点买菜、就餐等购物行为。为此还成立了督查组，对违反规定的行为采取暗访抓拍、街道巡查等方式进行专项督查。结果有几名教师在此买菜而被通报，舆论一片哗然。李克强总理曾经引用过这个谚语：对公民而言，法无禁止即可为。任何一项地方性立法都不能违反宪法的精神和法律的规定，不能以秩序为借口肆意干涉公民的生活，否则不满的情绪一定会聚集。

有一个小旅游城市，进出城方向有八车道，车辆稀疏，结果限速 40 千米 / 时，每隔几十米就有个检测器，当然你可以说，进出城要保障市民的安全，但这种做法不符合法律设计的比例原则，不是最优化的利益选择，结果很多当地人仍然选择以前的小路出行，许多外地人在这条路上因超速被罚，对这个旅游城市很有意见。除非出于公众的意愿，且确实能够得到更大的公共利益，否则不要轻易减损公民的权利。权力不能滥用，并非说权力不能使用。有限且有效才是现代政府行使权力的最高境界，而二者恰恰是有机统一的。什么都管的政府很难把精力集中在最关键的问题上，也很难保证有效行使权力。十八届三中全会提出了“三个一律”的刚性要求，以推进政府放权：放权给企业，即深化投资体制改革，除关系国家安全和生态安全、涉及全国重大生产力布局、战略性资源开发和重大公共利益等项目外的企业投资项目，一律由企业依法依规自主决策。而这正是法治的初心所在。放权给市场，即市场机制能有效调节的经济活动，一律取消审批，对保留的行政审批事项要规范管理、提高效率；放权给社会，即直接面向基层、量大面广、由地方管理更方便有效的经济社会事项，一律下放地方和基层管理。

4. 制度具有合理的引导性

2011 年我作为洪堡学者从德国访学回来，刚回来特别热衷于收集矿泉水空瓶，媳妇还劝我不要收集了，浪费家里的空间，我还劝说夫人要有点环保意识。结果拎了一袋子空瓶走了很远的路到废品站去卖，卖了不到两块钱。后来我再没有攒过矿泉水瓶。我回想德国人为什么攒矿泉水瓶，甚至还出现过同时两个人去捡一个空瓶的情况。一方面可能德国环保意识灌输得好，但更重要的是在德国一个矿泉水瓶 0.25 欧元，矿泉水瓶和水几乎一个价，10 个瓶够吃顿简餐的了。而且每个超市都有一个矿泉水瓶回收机器，把水瓶放入机器内一扫，就会吐出一张可以变现的纸条，直接可以在这个超市购物。所以在德国街道上捡到矿泉水瓶就是捡了个宝。这样的激励措施才更有助于引导人们做出社会所希望的事情来。

两侧车辆向一条路汇车的时候，法律规定左让右，还要求互相谦让。但是我开车上班遇到这种情况时，几乎没有人与我谦让，多数都是“狭路相逢勇者胜”，谁先过去后面

“拉链式”交替通行，就是在两车道并一车道出现停车排队等候或者缓慢行驶时，左边过一辆车，右边过一辆车，然后左边再过一辆车，反反复复，有序行进。

的就让一下。我在课堂上多次介绍过德国拉链式汇车的方法，拉链式交替前行，谁没让谁负责，这种走法效率最高。目前北京市石景山区已经有这种走法的试点。

2017 年 10 月 20 日，北京市首个“拉链式”交替通行入口正式在石景山区试点，区域为阜石路杨庄东桥以东 300 米西向东入口处，排队进入主路的车辆需按照左侧先行的原则交替行驶。今后，这种交通组织形式还将逐步在全市范围内进行推广，并利用科技手段对违规行驶的车辆进行处罚。

科学的制度能够促进社会形成良性的预期。我曾写过一篇文章，叫做“科学的制度既‘防小人’也‘养君子’”，在文章里我列举了个小故事：阿拉伯有个王子有一匹好马，商人看中之后想买，王子不卖，商人就假装躺在地上，王子去下马扶这个商人的时候，商人跃越马而上，扬长而去，王子就在后面追商人，说马可以归你，但是请你千万不要告诉别人你是怎么得到了这匹马，商人下马之后问他为什么，王子说如果这样的话在我们这个国家无人再敢扶人。

20 世纪 80 年代在比利时布鲁塞尔有这样一个案例：一名女子在半夜不慎掉下露台摔伤了，一个男子路过时发现了伤者，就洗劫了她，然后又不忍女子伤重而亡，于是报了警。女子得救了，但要追究这个男子的抢劫罪。最后法庭做出该男子无罪释放的判决。为什么？判决书上说，每个人的内心深处都有脆弱和阴暗的一面，对于拯救生命而言，抢劫财物不值一提。虽然单纯从法律上说，我们的确不应该为了一个人的善行而赦免其犯下的罪恶，但是如果判决他有罪，将会对整个社会秩序产生极度负面的影响！

我宁愿看到下一个抢劫犯拯救了一个生命，也不愿看见奉公守法的无罪者对于他人所受的苦难视而不见！所以从表面上看，法庭不仅仅是单纯地赦免了一个抢劫犯，它更深远的意义，是对救死扶伤的鼓励，是对整个社会保持良好风气的促进传承。宁愿要一个见义勇为的坏人，也不要一个袖手旁观的好人。

近几年，关于老人摔倒了该不该扶的问题引发了不少讨论。杭州已经修改了条例，规定被助人主张其损害是由救助人造成的，应当依法承担举证责任。这么做的好处是有制度保障以后人们敢于扶人了，不怕被讹诈了。这项规定对受伤老人的要求增加了，当然最好再采取一些措施处理此类问题。但是对于整个杭州，扶人不会再有担忧了，扶人就会慢慢成为常态。许多国家的刑法规定，意外事故、公共危险或困境发生时需要救助，根据行为人当时的情况有可能急救，尤其对自己无重大危险且又不违背其他重要义务而不进行急救的，要予以 1 年到 5 年不等的刑罚，还得交罚款。法律的制定者或者司法官员必须要勇敢地作出明确的利益衡量，做出对社会更有利的决定，确保做好事有好报，做坏事有惩罚，使人们形成良性预期，以期让我们生活的世界变得更好。

5. 不能朝令夕改

人类社会在有制度后迅速发展，包括我国战国时期，哪个国家先变法，改变刑不可知、威不可测的传统，哪个国家发展得就快。法治的规范性使人们形成了明确的认知，促进人们心往一处想，劲往一处使。制度的力量正是来源于它的规范性。但是在生活中，有一些规则随意性太强，缺乏规范性。有一幅漫画，讲的是一个

晁错，西汉政治家、文学家。汉文帝时，任太常掌故，后历任太子舍人、博士、太子家令；景帝即位后，任为内史，后迁至御史大夫。

地区的一条路上频繁修改限行规定，一会儿20千米／时、一会儿40千米／时、一会儿30千米／时、一会儿60千米／时、一会儿80千米／时，所以漫画配的文字说：走在这条路上要注意好节奏。制度设计得不好，人们要么突破制度，要么怨声载道，这都不是宪法要实现的目的和状态。

“朝令夕改”这个典故是怎么来的呢？西汉政治家晁错，得到汉景帝信任，号称“智囊”。景帝即位后，他任御史大夫。晁错所在的西汉文帝统治后期，官僚、地主、商人不断加重对农民的残酷压榨和剥削，大量农民破产逃亡，生活极端困苦。晁错看到这种危机现象，为了维护西汉王朝的统治，上书文帝，这就是著名的《论贵粟疏》。在这篇奏疏中，他提出奖励粮食生产，要打击商人投机牟利政策。他说，农民终年辛勤劳苦，不得休息，还要遭受水旱灾害和各种赋税的盘剥。而且这些沉重赋税的征收没有一定的时间，往往很突然，早上的规定，到了晚上又改变了。这样变化无常，逼得有粮食的农民只好半价出卖，没有粮食的只好借高利贷。农民被迫卖地卖房，卖儿卖女，以此还债。汉文帝看到晁错的上书以后，接受了他的建议，采取了一些措施，使农业生产有所发展，国家的经济有所增强，当时的阶级矛盾有所缓和。这就是“朝令夕改”的来历。

法治社会要求制定的规则不能朝令夕改，因为这种做法会极大地影响制度的稳定性和延续性。关于公厕，有一个很有意思的现象。我曾在一个公园里看见一个提示牌:“前方500米有洗手间”，看到这个牌子就有想上洗手间的“冲动”，结果到了500米，看见洗手间的大门紧锁，而它的侧墙劣迹斑斑，到处是大小便的痕迹，我就开始考虑人们的心理与制度的关系。既然告知并设立了厕所，人们就会形成可以在那上厕所的预期。结果到了厕所发现大门紧锁时，合理预期不能得到实现，就会有人突破社会管理的期望。肯定不是到这来的人都随地大小便，但只要一部分人这样做了就不是社会管理所希望的状态。随地大小便只是一种形式，合理预期的频繁打破一定会对社会管理造成负面影响。在一些地方，对于外来投资，后官不理前账，这种做法严重损害了政府的威信，使政府丧失其公信力，继而影响到当地经济的可持续发展。习近平同志曾经指出，“决不能为了所谓的‘政绩’，一件事还没落实，又要朝令夕改”。当然，不能朝令夕改不意味着保守不思进取，还要着眼于当今时代的发展变化，不断推进创新。习近平同志说过，“朝令夕改是有害的，故步自封也是一种失职”。

6. 公开透明

阳光是最好的防腐剂，路灯是最好的警察。凡是透明的办事程序，众目睽睽之下，办坏事的概率就会降低。我和孩子玩游戏，孩子拿着一个球，藏在身后，问我哪个手里有球。我说左手孩子就偷偷把球放右手；我说右手，孩子就偷偷把球放左手。孩子妈妈说，孩子要诚实！我问她，你儿时从来没撒过谎，完全诚实吗？孩子妈妈拍着胸脯说，我小时候绝对诚实。我说，你可知道，社会学研究发现不会撒谎的孩子不聪明。我并非不支持孩子诚实，诚实是一个绝对让人走得更远的好品质，我也经常提醒孩子诚实的重要性。但我们也知道，在生活中，即便是成年人，也很难做到遇到好事不夸大事实，遇到坏事不缩小事实，做到完全的诚实。而历史上作为道德楷模的皇帝大臣们信誓旦旦地号称诚实廉洁，但事实并不都是如此。我们如何来判断一个人是否完全诚实呢？现代社会我们不会轻易地考验人性，判断是否诚实，我在和孩子玩这个游戏的时候，球很小，要求不能把手背在后面，程序透明了，我猜错了我认；我猜对了孩子也得认。我们看到，一个孩子都知道利用不透明做出与己有利的事情，何况成人？面对人的自利本性，我们靠什么？唯有靠科学的制度和合理的程序设计。我们今天几乎方方面面都要求公开，但一些领域一些地区的公开与我们所讲的公开还有一定的差别，我们的公开是宽泛的公开，由于没有公开的细节，即便是这个领域的人也很难进行有效的监督。公开不到位的地方可能就有猫腻在，恐怕未来还有进一步细化制度的必要。

7. 不能自己做自己的法官

“不能自己做自己的法官”是法治的另一支撑性原则。如果把自己既设计成运动员又安排成裁判员，还有别人赢的份儿吗？自己做自己的法官不会产生普遍的公信力，对制度设计者而言也并非是好事。几年前，我曾经帮忙看一个城市的规范性法律文件并提出意见。其中之一写着法官一定要出现在拆迁的一线。他们的意思很明白，希望让百姓明白，这个拆迁已经走完了全部的法

律程序，合理合法，赶紧拆了，就不要再自找麻烦了。可是人在这么大的利益面前，岂能是一个法官站在那里就能解决问题的？这样的文件如果真的实施，老百姓就明白这说明到当地法院起诉肯定没戏了，要找就要往上告，这不是法治思维。很高兴该市接受了我的意见。我曾对信访制度做过调研，信访制度一度被认为是当前司法境况下不得不为的制度，但它是否真的使社会更加公平，一直是个引发争议的问题。调研的结果是“自爱”是人的本性，即使司法公正，只要在司法制度之后有持续的信访制度供给，上访的行为就不可避免，案件无论公正与否都会陷入无休止的争议中。我把这篇文章放在了“延伸阅读”中，其实文章发得很早，中国社会已经在改革，促使司法机关成为社会公正的最后一道防线。我仍然把这篇文章拿出来，一是想说明实验的结果比简单的争论更容易接近真相，二是我们看到，社会还是按照一定的规律前行。

我写过一篇法治化解拆迁纠纷的文章，当时提的建议现在很多已成为现实，不过还有一条没有，因此把它单独拿出来。我们知道拆迁所涉及的费用巨大，如果政府或者企业仅仅找了一家第三方进行评估，那么两方串通的嫌疑就比较大，因此有的国家当事人再找一个第四方评估，如果第三方、第四方评估出的价钱差距过大，起诉到法院，法院再找第五方，这是最后一方，法院基于好几家评估做出最终的判断。我举这个例子要说明的是，法治的思维始终期望制度设计尽量避免自己做自己的法官带来的不公平和后续产生的社会问题。程序设计公平了，人们对于结果就会比较认可。再比如有些国家设计一些中立的监察专员居中主持调解社会矛盾，这往往比政府出面更管用，几方相互表达观点后，居中者提出自己的看法，更容易得到各方的认同，这就是第三方的力量。

8. 制度能够实施并得到有力的保障

我曾经看到一则报道，在国内随地吐痰的中国人在新加坡不吐了。当然，一方面我们国人素质提高了，更重要的是新加坡有严格的惩罚措施。乘坐公共交通工具时饮食，罚款 500 新元；违规吸烟，罚款 1000 新元；如果烟灰掉在地上，也会被处以 1000 新元罚款。如果在国内违规吸烟罚款将近 5000 块钱，你还吸吗？

制度对人的行为调整不能不痛不痒。比如过去食品卫生法惩罚的力度很小，食品卫生问题就很多。环境保护管理制度不合理，现实中就出现了很多虚假执法或者不执法的情况。

制度的调整还需要一定的时间，首先要做的是经过深思熟虑把制度建立并细化起来。然而即使当时考虑得很周详，后期也会出现这样或那样的问题。

习近平同志说过，任何人都没有法律之外的绝对权力，没有人可以凌驾于法律之上。这是对法治的深刻认识。法治成为信仰上行下效很重要。制度制定了，大家都要遵守，再辅之以有效的执法方式、公正的司法途径不断纠偏，甚至再次修订法律，从而实现良法善治。

关于法治有个谚语，叫无救济即无权利原则，如果不设计救济程序，那么规定便是“银样镴枪头”，好看不管用。话说得再漂亮都没有用，关键看制度给没给予充分的保障，责任是否落实到位。当然，这个责任要权责相一致。司法制度是否有效是检验救济制度有效与否的重要标志，我们以前去机关办事，有的机关办事不符合程序或者额外给你增加义务，经常听到“你乐意去哪告去哪告”，言外之意他根本不怕，原因很大程度上就在于救济制度不给力。当然，现在这种情况少多了。所以我们说无救济即无权利的原则是帝王规则。

因为战乱，中东有大量的人跑到欧洲避难。有些避难的人需要从俄罗斯边境逃到挪威去，俄方这边禁止徒步越境，挪威那边不能没有合法手续开车入境。这样就有个漏洞，没有规定不能用自行车？于是就产生了一个新兴产业，在俄罗斯边境这一侧，大量的中东人在这儿买自行车，然后骑着自行车到挪威，到了挪威之后把自行车扔了。由此可见，如果制度有漏洞人们就很容易去寻求制度上的漏洞。如果立法者都不愿或不能做出有效的利益衡量，作出明确的利益选择，而期待执行者毫无偏私地公正地执行，这在人类历史中从来没有普遍实现过。

如果我们对于现实中的现象感到不满，我们能够做什么呢？人类进步只能通过强力也就是暴力革命，或者历史选择，啥也不做等着慢慢进化，还是可以通过深思熟虑去促进？有宪法以来，人们正是通过深思熟虑尽可能地调整好社会关系，使社会变得更好。人的素质和文明程度不会自然提高。古往今来，邪恶透顶的土豪劣绅多了去了。法治的思维是从能改变的东西着手，而对于制度，这是可以做到的。如果我们把现实中的问题简单归结为人的素质或者文化传统，那我们除了等、停、靠就什么也做不了，更不会取得今天市场经济所带来的伟大成就。如果那样，几千年来老百姓都没有权利要求政府不滥用权力，没有权利不对政府磕头谢恩；政府也没有权力要求公民更加文明、更加讲规矩。如果继续如此，将什么都改变不了！

延伸阅读 Extended reading

科学的制度既“防小人”也“养君子”

抑制人性中的“恶”是现代社会制度设计的核心理念和主要内容；同时我们也不能忘记：弘扬“善”也是制度设计始终贯穿的重要思想和基础价值。

一些被撞的人毫无根据地咬定施救者就是撞人者的事件屡见报端。这些现象对于中国社会的健康发展显然会产生持久而严重的危害。于是有人责问，遇到这样的事，我们要相信道德还是法律？严格地讲，这不是良法和道德的冲突。法律不应让人在良心和规则之间挣扎，在这种问题上，法律应当站在道德的一边，为人们弘扬“善”廓清障碍。因此立法者及司法者在制定和适用法律时应当让人们感知到：法律符合人的良知。

以前看到过一个故事，大意是一个商人想要一个王子的马而不可得，于是假装病在路上，王子扶他上马，商人上马就跑。王子边追边喊，马可以给你，但千万别说怎么得到的，不然以后没有人敢救助路上的病人了。商人汗颜还马。当然，制度设计者不能要求所有的人都有王子的远见和商人的从善如流，也不能指望个别人既不可靠也不长久的善性发挥。制度设计者应当考虑的是如何稳定地激发出人的善性，鼓励人们做好事，形成良好的社会风气。

激发善性首先要解决谁来为受害人埋单以及好人的风险谁来承担的问题。在一个社会保障完善的社会里，人被撞后责任不明时应当由保险公司或者某种特殊的救济基金承担责任，而不是随便抓一个救自己的人作为救命稻草。如果没有其他证据佐证，且施救者不承认，不应认定施救者为责任人。但如果肇事责任人拒不承认，取证后发现却为其所为，则要加重惩罚。试想，立法或司法确定下来这样的规定，便不会有人轻易冤枉好人，也会有更多的人愿意忠于自己的良心去救人。

还有另一个问题，能做好事而不做怎么办？“见死不救”是否要承担责任？精细而科学的制度不但能够肯定“好人好报”，免去做好事的后顾之忧，还能够对应该做而没有做好事的人根据其后果的严重程度进行惩罚。世界上许多国家深思熟虑的制度设计者就规定了救助者的义务。如《德国刑法典》第323条c项规定，意外事故、公共危险或困境发生时需要救助，根据行为人当时的情况急救有可能，尤其对自己无重大危险且又不违背其他重要义务而不进行急救的，处1年以下自由刑或罚金。《法国刑法典》第223条第6款规定，任何人能立即采取行动阻止侵犯他人人身之重罪或轻罪发生，这样做对其本人或第三人并无危险，而故意放弃采取此种行动的，处5年监禁并处50万法郎罚金。任何人对处于危险中的他人，能够个人采取行动，或者能唤起救助行动，且对其本人或第三人均无危险，而故意放弃给予救助的，处前款同样之刑罚。该法第223条第7款规定，任何人故意不采取或故意不唤起能够抗击危及人们安全之灾难的措施，且该措施对其本人或第三人均无危险的，处2年监禁并外20万法郎罚金。西班牙、意大利、奥地利刑法中也都有类似的规定。

有人说西方人素质高，在我看来，素质的高低绝非人种不同所致，而在于是否有科学的制度进行引导和规范。走在西欧国家的马路上，如果有红绿灯的地方，你不按照规则闯红灯，有些车辆甚至会加速行驶；而在没有红绿灯的斑马线，如果有行人，车一般都会停下来让行人先行。为什么？在没有红灯的斑马线撞人要负全责。久而久之，人们就养成了斑马线上让路的习惯。高素质正是科学的符合人性规律的制度长期规范形成的。可以肯定，制度的科学程度不仅决定社会秩序遵守的程度，还影响人格和品格的塑造和养成。不能让中国成为一个“狼”的社会，打破丛林法则正是社会文明的表现。制度虽然是纸面的，但弘扬善性的制度效果则可以辐射到生活的点滴之中，激发出善性的人们才会坐公交车让座、为别人开电梯后的一声“谢谢”和善意一笑。

李勇：《科学的制度既“防小人”也“养君子”》，
《学习时报》2011年11月8日

从假球风波谈规则

在伦敦奥运会上，由于8名羽毛球女双球员消极比赛，国际羽联决定取消她们的伦敦奥运会参赛资格。这两场比赛令人啼笑皆非，显然既不尊重观众，也不尊重羽毛球作为一项体育比赛的精神。从这个角度讲，羽联对8名球员的判罚无可厚非。假球风波争论的焦点是比赛规则不合理能否惩罚球员。羽毛球自从1992年进入奥运会以来，前五届奥运会羽毛球赛一直采用单败淘汰赛制，并未出现过此类情况。然而，为了让低水平选手多打几场比赛，在伦敦奥运会上使用了屡遭诟病的小组循环赛制。小组循环赛制的漏洞在过去的汤尤杯中就有所显现，一些球队为了下一轮避开强手而刻意求败。因此2010年吉隆坡汤尤杯决定小组赛结束后产生的八强重新抽签，避免了有意输球的情况。伦敦奥运会并没有采纳这项规则。毫无疑问，规则的漏洞使理性的人自然朝着有利于自己的方向作出努力。因此国际羽联主席、副主席分别表达了他们的歉意。

假球风波已经过去，站在道德高地的批评已经没有多少实际意义。然而，因规则不合理、有漏洞而自肥的现象在现代转型国家还时有发生，因此国际羽联这项决定所涉及的一些与社会治理相关的问题有必要加以剖析，这种情况应当如何看待和处理，对于法治建设有一定的镜鉴价值。这一风波涉及为什么要遵守规则，要求遵守规则还需要哪些条件，如何改变不合理的规则等问题。

首先，遵守规则是普遍意义上的社会成员成本最低、获益最高的社会生活方式。那么为什么有的国家民族习惯于遵守规则，而有的国家民族却不习惯遵守规则呢？是人种的不同吗？答案是否定的。形成普遍遵守规则的习惯从本质上而言仍旧是制度问题。守法既源于习惯、意识，更有赖于规则本身的合理性、执法的规范性、救济的有效性以及修改的可预见性。

如何使制定的规则尽可能合理呢？从理论上讲，制定规则的人能够代表规则所涉及的利益时，规则被遵守的概率会比较高。也就是说，每一种被牵扯的利益能够在规则制定中尽可能地被表达，并被不同程度采纳。当然，即便如此，也不能保证规则不与社会的整体利益发生冲突。在这时，遵守规则是原则，除非规则与人类更高的价值观念相冲突，规则要让位于这些价值，这是例外。同时，不合理的规则能够被预期修改也是公众持续遵守规则的重要支点。

其次，要严格执行规则。规则必须要被毫无例外地合理地遵照执行。规则的执行者要随机而非有选择性地执行规则，当社会成员发现规则执行不平等，或者遵守规则得不到回报，不遵守规则而得不到惩罚时，将会大大激发出社会破坏规则的意识。另外，规则还要合理而非机械地执行。比如水患到来时就不能给汽车贴条，如果不收取过路费能够带来更多的利益，那么就应义无反顾地做出这样的决定。发达国家设计了不少独立的委员会作为柔性监督机关提供申诉的救济，防止这种常识性的不公平、不合理的政府或企业行为。如做出某个行政行为的法定期限为 30 天，但如果该机构对所有其他人都用 15 天，唯独对这个人用 30 天，这个人可以以行政行为不合理为由提出申诉。久而久之，制度会引导执法者评估不恰当行为对自身利益的影响，并保证执法的规范性。

再次，对于不合法不合理的执法行为能够得到及时的纠正，避免规则被错误地解释和使用。公平的司法者首先是独立的司法者。因此发达国家在法律适用上十分重视司法官的中立性。比如回避制度、法官薪金、退休保障等，确保司法官不被眼前的利益或威胁所诱惑及影响。法官有更大的利益保障以及良好的法律适用能力是恰当司法的基础和前提。

最后，规则不合理时，有相应的修改程序。规则的改变不必依靠暴力是法治社会的重要特征。因为法治社会已经为规则改变、缓解社会对于现行规则的不满提供了合法而有效的修改路径。伦敦奥运会羽毛球风波中或许有一些经验：一是中国、韩国这样的羽球大国激烈反对并掀起了广泛的讨论，二是羽球官员需要世界各国代表选举产生，羽联官员为了其事业计，必须既要考虑到公平合理也要尽可能不得罪任何一个国家。这也就是为什么做出了判罚后，国际羽联主席、副主席分别以不同的形式提出了规则需要修改并表达了歉意。无论是一个运动员还是一个公民，他们都是弱小的，但如果以组织或团体的名义，那么他的“声音”就可能被听到，因此形成有效的社团组织对于缓解纠纷而不是将不公平和愤懑“凝聚在胸”会有一定的作用。当然这种一般社团的结社自由与政治结社的自由还是有所区分的。此外，规则的修改不能依靠修改者的善心。因此对于规则修改者最重要的制约就是将他们的利益与规则遵守者的利益联系起来，用制度确保他们能否持续地成为规则修改者取决于规则遵守者。如此，才能保障规则的制定者能够代表遵守者的利益。当然，为了防止激情修改规则，规则的修改还要经过严格的法定程序。

总之，高素质不取决于民族、种族。一个高素质的民族正是科学的制度不断地作用于人而逐渐形成的。如果体坛丑闻能够带给我们更多的启示，那么，它既是坏事也是好事。

李勇：《从假球风波谈规则》，
《学习时报》2012年9月3日

群众路线的着力点

党执政的目的就是不断实现好维护好发展好最广大人民群众的根本利益。能否密切联系群众，关系党和人民事业的成败。习近平总书记要求全党同志开展群众路线教育实践活动，这是党始终保持先进性纯洁性的客观要求，是坚持党要管党、从严治党的重大决策，是解决当下转型期出现的各种社会问题的一剂良药。

把党的群众路线落到实处，必须要建立长效机制。坚持“一切为了群众，一切依靠群众，从群众中来，到群众中去，把党的正确主张变成群众的自觉行动”的群众路线，至少应当明确以下几个问题：一是当群众意见不一致时如何判断主流民意？有的群众要往“东”，有的群众要往“西”，到底听哪部分群众的意见？二是确保执政科学性即实现党的正确主张的问题。这要弄清什么主张是正确的主张，显然代表民意的主张是正确的主张，那么如何得知民意？国家和公民的利益不一致怎么办？群众间的利益诉求不一致怎么办？三是确保执政有效性的问题，即如何保证正确的主张落到实处？如何保证执政者与群众的血肉联系，保证能够维护最广泛的群众利益？四是如果没按照群众路线办，执政者会承担什么不利后果？当百姓认为决策或执行不符合群众利益时有没有常态化的“讨公道”的地方？

“把制度建设摆在突出的位置”才能切实落实群众路线。自从有人类社会以来,利益冲突就不可避免。正所谓“有人的地方就有江湖”。但怎样避免矛盾恶化，特别是在利益多元、矛盾凸显的今天？一方面，依靠劳动密集型的经济增长方式后续乏力，与此同时社会分配不公、医疗不公、教育不公、社会成员代际不公、就业困难、物价上涨、环境污染、贪腐问题、道德下滑等方方面面的社会不满正在蔓延，甚至已有极端化的倾向。另一方面，社会还没有普遍形成解决矛盾依靠规范的法律制度的习惯，依赖“权情财”仍然盛行。而如果遇到不合理甚至不合法的蛮横做法再找不到说理的地方，得不到公平的对待，久而久之就可能愤懑在胸，借机发泄。可以肯定的是，丛林规制起作用，正说明民主法治制度不给力。

中国社会处于转型期是矛盾叠加的主要原因，但不应成为中国继续前行的障碍和借口。中国的转型过程正是向现代政治文明转轨的过程。检验我们一切工作的成效,最终都要看人民是否真正得到了实惠，这也是检验执政者的主张是否正确的主要标准。能够为自己说话，有自己的利益代表，人民得到实惠才有最可靠的保障。各个阶层都有自己的利益代表，通过博弈和妥协才能反映不同阶层群众的利益和呼声。“办法总比问题多”，关键是不是社会上的大多数人都去考虑解决问题的办法。能够让更多的人，特别是各级执政者不管阻力有多大，切实地以人民利益为出发点和落脚点，时刻把群众的安危冷暖放在心上，及时准确地了解群众所思、所盼、所忧、所急，把群众工作做实、做深、做细、做透，核心看决定官员命运的指挥棒在谁的手里。因此，党的十八大报告提出高举民主这面旗帜以及重提群众路线是符合当前中国实际和社会发展规律的。党内民主是党的生命。通过党内民主机制的建设，更容易判断什么是杂音，什么是正途，更容易找准社会主流的脉搏，党的执政就会更加有底气，接地气，同时也为解决当前社会问题提供了不竭的动力，为社会不满的疏导提供了规范化的途径，为决策失误的修正提供了必要的条件，为接受人民监督提供了制度的基础。群众有了发言权，也会增强群众的主人翁责任感，有利于激发群众的积极性和创造性。

有人说，当前村民自治情况不佳正说明了中国搞不好民主。村级选举没搞好，村民素质不是主要原因，制度设计不科学才是主因。村委会在中国一直是一种准行政机构，从行政权的本质属性来讲，行政权是执行法律、管理社会公共事务的权力，主要体现宪法的效率价值。政府执行行政职能，其基本要求是上行下效，哪一环出现阻碍都会影响行政权整体实施的效果。在我们社会主义国家，国家利益、集体利益、个人利益从根本上是一致的，但少数情况下的利益冲突是不可避免的。一旦这种情况出现，就可能将基层民选的代表置于一种相当尴尬的境地。“村干部要当下去，既要对群众负责，又要完成乡镇干部交给的任务。这里面经常有矛盾。”（村干部语）如果民选的代表为了自己小村落的利益而不顾大局，势必影响行政的效率和执行力，进而影响整体的行政部署。如果服从了上级的“指导”，其自治功能势必被抑制和削弱，还有可能在换届时落选。从基层民主选举的过程来看，在这么小的范围内，贿选的成本相当低。“选举委员会成员通知某一选区的选民从家里来一个代表，在某一天赶集的地方进行选举，来一个代表有一天的工钱，两三五元不等（因为农民一般需要赶集办事买农资物品，农民来赶集与选举两不误，其实选举只是一个顺便做的事）。一位家庭代表就把自己全家的选票代劳了，且组织选举的人说大家最好选‘张三’，大家就一窝蜂地在张三名字后画钩，这样没几分钟，选举就结束了。”此外，在这个层面上选举的代表也很难监督。我们在这样小的范围进行民主选举，一个村由少数几个宗族组成，大的宗族可能操纵选举，造成对少数人权利的漠视。不受监督的权力必产生腐败，这条定理在农村仍然适用。而为防止权力滥用，在几百人的村子里，设置一套复杂的监督体系，显然有牛刀杀鸡的感觉；因是民选，上级无权干涉；罢免程序又很难启动，代表一旦选上，百姓就必须要忍受三年。这样的例子也屡见不鲜。

以上探讨绝非形而上的分析，《湖北日报》内参及《南方周末》都曾报道某市村委会自 1999 年换届选举以来，选举产生的村委会主任，当选后被撤换（含免职、停职、降职、精简、移任他职等）的达 187 人，占 329 位村主任的 57％。加上其他被撤换的村委会副主任、委员，共有 619 位村委会成员被撤换。但这种撤换行为不能完全归咎于官员的素质，与其说是来自官员对民主的抵制，毋宁说是制度创造的矛盾通过合法程序无法消解。世界其他国家在民主教化时期在如此低层面进行民主选举也并不多见。制度造成的困境仍要靠制度来解决。基层民主选举为我们积累了大量的经验，但也可能成为进一步改革与发展的阻碍。除进行程序的完善外，扩大自治直选的范围到县市或者省级是个解决方法。国家可以增加国税，减少地税，通过经济等手段来实现对地方的控制。

即使有充分的民主，政府还可能犯错误，即便政府没有犯错误，由于认识的差异也可能产生政府与公民的争执。靠“堵”和“赌”显然不是办法，必须给老百姓一个能够讨公道或者说理的地方。这个地方是不依附于政府的，必须与管理机构“穿两条裤子”，说理的地方和任何机构是一伙的都没法建立真正的公信力，谁能相信自己做自己的法官呢？群众的意志得到表达和执行，群众的诉求得到独立公正的判断，群众路线就有了支点，社会自然就和谐了。社会有了合理的规则，有效公正的判断标准，可争夺的资源都被规范了，责任更加明确了，人们的担忧和欲望就少了，为恶的必要性就小了，自然越来越多的人会做出善的选择。

李勇：《群众路线的着力点》，
《学习时报》2013 年 8 月 15 日

信访与司法关系之实证考察

一、研究问题和研究假设

2005年5月1日《信访条例》的颁布和实施，被认为是“全国人民政治生活中的一件大事，是信访工作走向规范化、法制化的一个重要标志”。经过了近七年的实施与制度建设，考察《信访条例》实施后的效果，客观重新评估信访制度，回顾当年《信访条例》制定时的争议，有助于进一步厘清信访与司法的关系，优化信访职权配置，切实解决人民群众的内部矛盾和利益纠纷。

现实的情况是，宪法规定的人民法院、人民检察院依法独立行使审判权、检察权在实践中还没有全面落实，司法官腐败等问题也没有彻底根除，加之司法成本过高、结果无法预料等原因，信访作为一种无休止的本来成本很高的申诉途径成为国人的重要选择。而“信访洪峰”不但未能如愿化解社会矛盾，解决大多数人的维权诉求，反而正在成为社会不稳定的重要因素，更为重要的是由于信访结果的或然性使正在建设的规范性社会遭到破坏。因此关于中国的信访制度，一直存在争论。特别是信访条例制定前夕，这种争论尤为激烈。今天我们重新检视当初的争论，考察信访制度运行状况，或许比当时更有利于看清这一制度的利弊。当时针锋相对的两种观点可以分为支持派和反对派。支持派认为由于中国司法体制自身的问题无法成为公正的终局性裁决机关，广大老百姓的合法权益无法得到保护，提出我国信访制度的历史合理性以及它所具有深化政权合法性的功能；对官僚体制监控的功能；化解剧烈的社会矛盾的功能；贯彻政策、实现社会动员等功能[①]，并倡导加强信访机关的权力，甚至赋予信访机关实质性

① 高武平：《信访制度存废辨——兼谈中国信访制度的变革之道》，爱思想，2005年2月23日。

的救济权。反对派观点则认为，信访与法治基本原则不相符，试图用行政救济替代司法救济，这将严重消解“现代法治治理的基础——司法机关的权威”[①]，并预言，即便是这么庞杂的信访系统也面临无法承受之重——太多太复杂的问题都集中到这里，无论信访机构多么庞大和强有力，也不可能解决这么多问题。[②]六年后，信访制度未能如“挺信派”预期的那样解决中国的社会问题，达到化解社会矛盾、维护公民权益的目的，反而大幅度增加了公民的维权成本，成为公民不恰当表达诉求、激化各方矛盾，影响国家政治秩序的主要制度路径。不过当时争论主要集中在是做大做强信访还是弱化信访，未能跳出本土语境与外来话语的僵持，忽视了偏好申诉的人性需要和司法裁决规律的兼容性，因此很难构筑各方合意的符合规律的信访与司法之关系。为进一步验证这一制度效果，避免“公婆皆有理”的理论纷争，合理构架信访与司法的关系，针对信访运行状况，人民的诉求心理以及未来维权的预期，笔者选择南北两省以调查问卷的形式进行了抽样的调研，试图找寻人类本性中的“欲望”，探讨哪种方式能够切实保护公民的合法权益，为维护社会稳定与和谐提供数据支持。针对这次调研，我们提出以下假设：

假设1：如果司法机关判决公平，公民就不会选择信访。普遍认为，当前司法机关由于各种原因，不能公平审理案件，因此信访是“亲民”“仁政”的制度选择。那么这个假设意味着一旦司法机关被社会普遍认为公平了，人们就不会选择信访了。

假设2：公民通过信访得到了公平的决定。一个制度只有有效才能够取得其本身的合法性，因此，通过信访能够维护当事人的合法权益。

假设3：当前越级上访、反复上访只是个别地方不公正处理纠纷造成的个别现象。到北京找中央不是多数上访者的理性选择。

---

① 于建嵘：《中国信访制度批判》，《中国改革》2005年第2期，第27页。

② 参见许志永、姚遥、李英强：《宪政视野中的信访治理》，《甘肃理论学刊》2005年第3期，第16–21页。

二、调研数据及结果

本研究的数据来自于2011年在中国H省H市（北部城市）以及Z省T市（南部城市）的问卷调查。共抽取调查样本1183份，其中有效样本1039份。该调查以性别、文化程度、专业、目前所从事的职业是否与法律有关等为变量，对当前中国公民在解决社会纠纷时所使用的方式方法、原因以及信访的心理动态和社会公正的预期进行了调查研究和比较分析。

（一）调研数据

1. 假设1的调研结果

当前中国信访的重要理论和现实基础是当前的司法体制不能公正做出裁决，社会需要以信访作为司法的补充性或者代偿性机制。也就是说，一旦司法公正了，公民就不会“没完没了”地寻求救济了。通过调研却发现，信访激增的主要原因并不是普遍认为的“随着民主法制建设的不断推进，群众的民主意识、维权意识不断提高”，也不是司法公正与不公正的问题，57%的人认为即使像发达国家那样普遍认同司法权威，如果判决不符合自己的预期仍然要信访。选择信访的原因则主要是行政决定和司法判决不符合自己的预期，觉得自己受了委屈（占58%）；不相信行政决定和司法判决（占21%）；“不争馒头争口气”（占11%）。

自爱、自利是一种生理欲念，是自然选择的结果。正如卢梭所言，“我们的种种欲念的发源，所有一切欲念的本源，唯一同人一起产生而且终生不离的根本欲念，是自爱。它是原始的、内在的、先于其他一切欲念的欲念。”[①] 调研结果表明，即使司法机关判决公平，只要有申诉渠道，无论对与错，多数人都会倾向于不断提出诉求以达到自己的目的，实现自己的利益。造成信访数量激增的主要原因是制度设计了一个正常人趋向自身利益最大化的动力机制，制度有供给，那么公

① 【法】卢梭:《爱弥儿》上卷，李平沤译，商务印书馆2006年版，第289页。

民为了实现自己的利益甚至“争口气”就会选择穷尽所供给的制度。当前的信访制度正在引导人们通过信访达成自己的愿望，而后果则是诉讼和纠纷处于无休止的悬浮状态。这不但无助于纠纷解决、当事人合法权益的保护，更会影响正常的社会秩序和正在建设的规范化的法治社会，使那些相信司法制度的人由于另一方的信访而处于不利地位。现实中通过信访实现自己利益的虽然是极少数，但当人们逐利的本性和政府“怕”的刺激因素结合起来，信访就成为理性人的最优选择，其数量飙升也就不足为奇。

2. 假设 2 的调研结果

调研显示，无论是现实中还是公民基于现实的判断，相当多的人不相信通过现有的司法和信访制度能够维护其权益。23% 的人既不相信司法，也不相信信访能够真正解决自己的问题，25% 的人不相信信访能够真正解决自己的问题；17% 的人不相信司法能够解决自己的问题。公民不愿信访的主要原因是信访耗费太多时间和精力，少部分人认为，信访不能根本解决问题，最终仍需司法机关。公民不愿选择法律途径处理问题的原因依次为不知怎么告；法院、检察院不受理；司法不公；费用过高。调研数据一方面说明信访机制由于其非规范性、非程序性、结果或然性并不是一个纠纷终端处理的良好机制；另一方面也说明法治理念普及力度不够、制度建设的漏洞等是导致公民选择信访而非司法的主要原因。

3. 假设 3 的调研结果

当问及“在中国当前和未来哪种方式是解决纠纷的最好方法”时，大多数人认为中国解决纠纷的最好方式是党中央、特别是最高领导人过问。调研结果表明，广大百姓已经意识到，在中国权力构架下，到中央上访、反复上访是当前制度下人们的最优选择。一方面可能说明党中央在人民群众中的威信；另一方面则是一种悲哀。在现代国家治理中，通行的裁判体制和机制正在失效。有学者介绍毛主席在延安非常重视人民的来信来访，每个月都会抽出一天时间，坐在自己的窑洞中办公，接待来信来访。毛主席说，这是我们党战胜国民党的法宝，千万不要忘记它。[①]但同时我们也不能忘记，当时延安人数不多，又是战争时期，纠纷以战争为主，信访案件也不多，以今天的情形恐怕主席天天看信看访也看不完，更别说件件处理，而主要依靠中央政府的过问，既不现实也未必公正。即使在中国封建社会，人数没有现今这么多，纠纷没有这么复杂时，由于只有皇帝的权力才是最高的权力，为防止老百姓都把状告到皇帝那，设置了泯灭人性的“滚钉板”等严刑峻法来限制“越级上访”。依靠“老办法”已经不适应现代社会的需要，设计和实施符合现代社会治理理念和更有助于保障最广泛的公民权利的救济制度已经成为构建社会主义和谐社会的重要任务和实践要求。

4. 变量数据

本次调研设定了一些变量，变量显示，女性在解决纠纷时选择信访的要多于男性，文化程度低（高中及以下）、工资水平低（月薪1500元以下）的人选择信访要高于文化程度高、工资水平高的人。所学专业为法学的，目前从事与法律有关工作的人在解决纠纷时多选择司法途径。

我们没有条件对信访工作者直接进行调研，但根据现有情况，信访工作不仅是一项“吃力不讨好”的工作，付出劳动与汗水未必能够赢得尊重，甚至很多人因为这项工作寝食难安，经常担心后面有人跟着。昆明市信访局曾做过一次心理测评，结果显示，多数信访工作者有轻到中度抑郁。

（二）调研结果

1. 以信访作为社会终局申诉机关不可行。法院的终局性与独立性是司法权威性和公正性的前提和基础。信访制度使司法制度在纠纷解决机制中的最终性被打破，只要当事人对法院的判决不满意，当事人就有可能通过上访启动高于法院的权力来否定对自己不利的判决，甚至在种种司法外权力的重压下不得不作出与自己先前的判决不一致的判决，这导致对判决不满的另一方又一轮新的上访。实际上，这

① 范忠信：《信访中国的法治忧思》，爱思想，2015年11月24日。

种无法终局的申诉模式正在成为一幕幕激化矛盾闹剧的“幕后导演”。

2. 司法无法解决的问题信访也不能解决。如果说当前中国的司法现状不能保证公正和让所有人都满意，信访也不能。信访制度不仅不能从根本上解决社会矛盾，反而纵容了人性中无论对与错而不断争取的趋势，会闹就可能得到更大的利益，这显然不利于促进形成公平正义的社会。通过信访制度来实现社会的普遍公正由于自身与扬善抑恶的制度设计原则相悖而成为根本无法实现的童话。

3. 赋予信访制度实质性权力于事无补。有人提出，赋予信访机关实质性救济的权力，理由是“我们是一个行政主导的国家，在司法难以真正独立的情况下，中国需要这么个系统”。[①] 如果“信访机关有解决问题的权力”，那么信访机关又何尝不是另一个不独立的司法机关，而信访机关的地位、人员构成、行使权力的程序方式都不如独立的司法机关更为合理，设置这样的机关意义何在？正如六年前周永坤教授所言，“目前强化信访制度是一个建立在错误理论之上的错误的制度选择”[②]。

三、结论

从调研结果看来，头痛医头脚痛医脚解决不了中国的现有问题，当前诸多社会矛盾和问题需要按照人性的规律，进行综合性的体制改革，弥补制度性漏洞。盼望清官、好皇帝既是法治理念普及不够；更是救济制度供给不足或者说制度引导不恰当。有必要重构信访与司法的关系，使司法成为国家的终局性裁决机关，这是解决中国社会矛盾的根本途径；建立独立民主的司法系统，这是司法公正的基础；加强法治宣传教育，提高公民经济能力和社保水平，这是提升司法公信力的基本条件和重要保证。

李勇：《信访与司法关系之实证考察》，
《中国司法》2012 年第 5 期

① 赵凌：《信访改革引发争议》，爱思想，2004 年 11 月 22 日。

② 周永坤：《信访潮与中国纠纷解决机制的路径选择》，《暨南学报（哲学社会科学版）》2006 年第 1 期，第 41 页。

SECTION 11

法治思维是一种推动社会进步的思维方式，是既不任性也不认命的思维习惯

雨季时多地洪水受灾，城市内涝严重，人们怨声载道。一些人只是抱怨和批评，另外一些人则仅仅看到救灾中可歌可泣的画面和瞬间。而理性的思维方式是：救灾抢险的伟大性毋庸置疑，士兵们的艰辛付出必须要得到肯定，同时，还要反思到底什么原因导致内涝，下次再发大水，究竟靠什么来避免内涝的再次发生。找到造成内涝的原因，补足短板和漏洞，避免再次发生同类悲剧，社会变得越来越好了，这就是法治思维。

法治思维是以公平正义为目标，制定并遵循科学的制度，顾及人们普遍的情感，让我们有所作为，使社会变得更好的思维习惯。首先，法治思维是一种推动社会进步的思维方式，是既不任性也不认命的思维习惯。

首先，法治要保证人的自由与权利，这是目的、是价值，秩序是手段。但很明显，人权的理念并非让一个人拥有绝对的自由和权利，而是行使自己的自由和权利以不损害他人的自由和权利为限。因此我们说，法治思维首先要求不能任性，不是想干啥就干啥、法无禁止才是自由。

其次，法治思维也要求人们不能认命。不是简单地对社会进行解释说明，更不是对不合理、不平等、不公正的现象予以简单认可；绝不会把社会看成僵化不变的，更不会轻易得出“生在此地，命该如此”的结论，而是把现实中遇到的每一个问题都当成社会进步的契机，在肯定人性的基础上，推动社会向前进步和发展，以可预期的制度的治理方式着力使人权得到保护，使人们生活得更加幸福。中国社会进步应避免“岳母思维”“务虚思维”“对立思维”“保守思维”四种思维习惯。

中国社会进步应避免“岳母思维”

有一次，我们全家出游，艳阳高照，在海边玩的时候，我就要给孩子搽点儿童防晒霜，岳母说防晒霜含有化学物质，对孩子身体不好。可是不抹，阳光直晒，对孩子皮肤也不好。孩子跑步玩耍，岳母说别跑，容易摔着，但奔跑是孩子的天性，怎么可能束缚他的手脚不动呢？结果是，孩子该搽防晒霜还是搽了，该跑还是跑了。但岳母还是要说。有“岳母思维”的人不少，面对一件事时，总有人如同“岳母”一样“抓小放大”，把责任推给别人，彰显自己的“远见卓识”。当改革时，说影响稳定；当说民主法治好时，说有弊端；当治理污染时，说会影响经济……作为一个理性的人，大家都知道，做事一般会产生一些负面的问题，但必须要进行利益衡量再作出一种相对理性的选择。用“岳母思维”来看，天下没有能做的事，人类社会也不会有今天的进步。“岳母思维”

也是一种推卸责任的思维方式，是一种“看当时我说对了吧”的旁观者心态，是典型的不做利益衡量的非理性的思考方式，这种思维习惯使得“在中国什么事情都不简单”。批评是人类最简单的语言，因为凡事都有两面性，而构建才是人类最理性的语言，当我们说一种做法不行的时候，我们应该思考哪种做法可行，不然在中国就会动辄则咎，我们这几代人负有推动中国社会成功转型不可推卸的责任，构建才是公民社会应该具有的理性。这就是为什么我们要提倡法治思维，因为法治思维是正向的，积极主动地思考问题，并以拿出解决方案为思考的目标。为此有必要向“岳母”道歉，如果因此我们变得更加理性，相信“岳母”也会希望看见。

在一些人眼里，一提到增加赔偿或者罚款，就会说，政府先管好自己吧，就是想多罚点钱。这句话前半句有道理，政府正人先正己，必须以身作则，否则会让人觉得法律都是给老百姓定的，因此这是前提、是关键。但这不意味着社会就不需要管了，罚款并不是为了增加政府的财政收入。管理政府的人不是天使，我们这些普通老百姓也不是天使。想一想，在古代社会是没有红绿灯的，没有车的地方人们随便走，走惯了。有了红绿灯后，包括开汽车的人在内都不是很适应，于是在没看到行人或者有机会的时候，经常出现汽车闯红灯的情形。但是随着电子眼的发展以及规则的细化，有电子眼的地方没有车再敢闯红灯了。而这样显然对于行人和车辆来讲，都安全了很多，久而久之，现在开车即便没有电子眼，也可能是我们不知道有没有电子眼，很多人都不闯红灯了。

有个地方住着数万名村民，道路两侧只有一个红绿灯，20 余个路口既无红绿灯也无人行横道，2011 年的一项调查显示，这个

地方因交通事故至少夺去50人的生命。当地交管部门辩称："县里无权在省道上设置红绿灯。"没有红绿灯就如同没有制度引导，人们就会没有秩序，伤害的既是开车人，也是行路人。所以我们说，不是为了罚钱，只是增加人们违法的成本，在违法成本高的情况下，违法率就会降低，说白了，他就是想这么干，也要掂量掂量是不是值得，从而逐渐纠正我们生活中的坏习惯。

再比如"中国式过马路"，这事真的只是中国特有，无法改变的吗？不是！为什么一些国家有人闯红灯，而另一些国家的人则不闯？北京王府井大街上，为什么外国人也闯红灯？为什么中国人到了一些国家就不闯了，而到另一些国家还闯？我当年在德国的时候，有一次正在过马路时交通信号灯突然变成了红灯，我正想三步并作两步迈过去，这时候有一辆车加速向我驶来，我就退回来了。我就想，他怎么敢加速向我驶来？我一研究发现，虽然立法上没有规定撞了白撞，但有判例，这种情况下车主不承担赔偿责任。如果我被抓住闯了红灯，我的信用体系受损，我将来贷款的利率会变高，保险利率也会变高，人家会说你比别人更不爱惜生命。在一些发达国家过人行横道，车一般都给行人让行，我们看到，那些在人行道出现车让人现象的国家和地区，通常法律和判例明确了这种情况撞到人要支付巨额赔偿。人们的素质是通过一系列有效制度逐渐调整的，而不是与生俱来的。我们为什么会闯红灯？不就是因为得到了效率不受任何惩罚，节省了时间同时又没有任何成本，对于一个理性的人来讲很可能做出这种理性的抉择。我们的制度在一步步修正，比如信用体系的完善，这些都是为未来完善制度做准备。让违反规则的人受到惩罚有助于整个社会不去破坏规则，最终则保护了更多的人的利益。一个法治社会，闯红灯，睁着眼睛也可能被撞；过绿灯，闭着眼睛也会安然无恙。在这样的社会中生活，能不幸福吗？

中国社会进步应避免“务虚思维”

批评是典型的负能量，但一味表扬，对问题视而不见同样不是正能量，正能量是基于事实的反思，是对于同样错误不再犯的制度构建。

纵观历史，人们自觉地挑战现实并将之付诸实践才促成了人类社会的不断进步。马克思的墓碑上赫然写着，“哲学家们只是用不同的方式解释世界，而问题在于改变世界”。发展必然带来问题，有问题不可怕，可怕的是没有敢于面对问题和解决问题的勇气和尝试。法治思维和法治方式是一种提出制度性方案的思考方式和解决方式。比如，要盖一座大楼，一种思潮认为，这是资产阶级自由化，不能盖；一种思潮认为，这是社会主义现代化，必须要盖，双方争论不休，最后不了了之，这不是法治思维。法治思维首先要考虑盖这座大楼是否十分必要，有没有地、有没有资金等。如果没有，能否筹措得到，然后细致谋划，踏实工作。习近平同志多次强调，问题是创新的起点，也是创新的动力源，“要有强烈的问题意识，以重大问题为导向，抓住关键问题进一步研究思考，着力推动解决我国发展面临的一系列突出矛盾和问题”。法治思维正是通过制度的变革来解决问题、干事情、促发展的思维习惯和行为方式。法治的检验标准很简单，是否切实地促成了社会的发展，既不是故步自封，停滞不前，也不是空对空的一味反对，啥也不做，而是需要人们提出可行有效的办法，切实解决现实问题。

我们曾经介绍过清末的“恭倭之争”，倭仁身居高位，不思进取，用“务虚”代替“务实”，影响社会发展，实为历史的罪人。当然法治不一定能够迅速解决所有问题，但却是解决所有问题的主要抓手。如果回到让我们和我们的子孙后代都能够变得更好的愿望上来，我们就会更愿意找到解决不合理问题的办法，进而使我们的生活变得更加简单、更加舒适、更加具有可预测性。

中国社会进步应避免“保守思维”

还有一种非法治思维是保守思维，在推崇这种思维的人眼里，中国至善至美，无须任何变动，把今天所取得的成就简单地归因为中国历史的强国地位，殊不知国无常强无常弱。改革开放，尊重社会发展规律才是富强的根源。中国近代史大家蒋廷黻，在分析清末改革没有成功的原因时，一针见血地指出，他们认为中国的政治制度及立国精神是至善至美，无须学西洋的。事实上当时他们的建设事业就遭到了旧的制度和旧的精神的阻碍。介绍别国经验，不代表他们什么都比我们强，每个国家都有自己的问题，外国的月亮不是必然圆，中国的月亮也不是总有缺；反之亦然。但显然我们不是要学习他们“缺”的方面，而是要学习他们“圆”的方面，我们有这个自信去学习别人好的东西，就像我们不会教育我们的孩子去和坏学生学习一样。结合自己的国情，把那些好的经验都学来，结合本国实际鉴别吸收，为我们所用，让我们中国变得更好。

回顾人类社会的发展，社会的每一个进步正是对现状不满并改进的结果。过去洗衣服都手洗，人们觉得太累，于是发明了洗衣机，为了能甩干，发明了双桶洗衣机，人们还是嫌太麻烦，于是发明了全自动洗衣机。社会发展也是如此。有个歌曲唱得好：再也不能这样活，再也不能那样过。这是人类最质朴的呼声，也是人类社会不断进步的源泉。

人都有尊严，都希望平等对待。今天，一些人说平等都是假的，没有真正平等的国家，没有真正平等的社会。这话对，也不全对。毫无疑问，由于各种原因造成的不平等是普遍现象，但是一个现代文明国家绝不能认可赋权上的不平等，而是要逐渐打破这种不平等。把一个又一个不平等打破了，这个社会就会逐渐公平了，这才是现代国家应该做的事情。有些人很悲观，认为中国有几千年专制史，很难改变。难是肯定的，但主要的难点不在于有多少年专制史，而在于既得利益者是否愿意妥协逐渐放弃特权。斯塔尔夫人有句名言，自由是传统的，专制才是现代的。考察人类较专制社会更为漫长的原始社会，自由、平等、民主在原始社会即已印刻在人类实践之中，任何一个民族都有自由、平等的基因。许多顽障痼疾都不是我们天生的，更不是不可改变的。裹脚为美不一度也认为是传统，后来也改变了吗？正如新的肯尼亚宪法规定的那样，与现代文明相一致的传统要保留，不一致的要摒弃。我有一个公式：发现问题——寻找制度突破的办法——试错——解决。

法治思维的目标是使我们的生活变得更好，需要首先去发现问题，从制度上寻找解决的办法，谁也不能保证办法一定可行且能解决问题，故此还需要试错。要让那些勇于担当和负责的人只要不是故意犯错或有重大过失，不追究其责任。关于权责问题，我一直有一句话：有权无责必滥用；有责无权必惰政。有权有责才是正常状态，试错并找到解决方案，问题得到了解决，我们生活的社会就会变得更好。

中国社会进步应避免“对立思维”

对立思维也不是一个现代文明社会应该拥有的思维习惯。首先，对立思维不利于安定团结，人们容易走极端，争个你死我活，最终谁都活得挺坎坷。其次，对立思维也不利于创新创造，有对立思维更容易墨守成规，难以涌出新思维，作出新决策。要对自己的行为承担相应的法律责任。因此，现代社会更多的是包容、和谐、妥协、合作，一旦侵犯了个人的合法权益，就交给法律去处理。国与国的关系也是如此，竞争与合作是常态，不喜欢也不可能拿原子弹把对方干掉，从竞争与合作中寻求自身利益的最大化是理性的选择。更不能把外部矛盾变成内部矛盾，外头没打起来，自己人先干起来了。

中国社会正处于转型时期，往前走还是往回走本来不应该是个问题，坚定不移往前走，需要我们既不能“任性”，也不能“认命”，“任性”无秩序，“认命”无进步。开动脑筋，解决问题，避免无谓的争论，以我们中国人的智慧，我们能够做到使法治看得见，使幸福摸得着。

延伸阅读 Extended reading

德国见闻录

2010年，我以洪堡学者的身份，在德国访学一年，也深切感受到了德国人的“高素质”。尽管许多人将其归因于经济水平，甚至是血统，但当深究其原因时，会发现高素质的背后总有着详细缜密、符合人性的制度作为支撑。

一、开车的学问——一个举止有度的社会

柏林是个国际化大都市，交通极其发达，地铁四通八达，而且多数情况都十分准时。虽然有的地方地铁20分钟一趟，但人们可以根据地铁到达时间安排出行，所以特别方便。准时的最大好处还在于它本身的规范性，赶飞机、坐火车、上班、开会、聚会，何时出发、何时到达都是可以预期的，可以真正享受“时间由你掌控”的感觉。因此在柏林总感觉时间比较长，一天能做很多事，回想起来，与交通准时方便、节省大量时间有很大关系。柏林交通设计之科学已有很多人介绍过，比如汽车与地铁的“无缝衔接”等，就不再赘述。这里想和读者一起分享一些我乘坐公交车的经历。

德国的公交车设计很人性化，停靠站后会自动向马路边倾斜，以方便人们推儿童车或大箱子。另外还有一个可以放下来的板子，当有残疾人上车时，司机会下车把木板拉出来以便于残疾人上车。在柏林似乎有这样的不成文规定，私家车一般都会让公交先行。但我看见一次例外，有一辆车横在另一侧车道准备转到公交车行驶的这条道上，此时公交车完全可以不必理会而正常行驶，但这辆公交车为了能让另一侧车道不致堵车，停下车等那辆车转弯后才继续行驶。

一般来讲，公交车都会等待那些跑过来想要坐公交车的人，特别

是老年人、残疾人、推婴儿车的人等。有个老太太远远跑过来车都在等她，但是他们却不会等那些不紧不慢、耽误大家时间的人。那些在外面抽烟，即使车来了也不着急上车的人，他们真的能做到关门开车不等客。

有一天临时修路，公交车在站点前十米左右的地方停了下来，因为如果停在原来固有的站点，载客时则会堵住整个道路，因此司机选择了提前停车，以便于其他车照常通过。一个公交车司机都可以将合法性与合理性结合得如此之好，让那些抱守“合法性”而不顾其他的官员们“情何以堪”。

过马路也很有意思。如果有红绿灯的地方，行人不按照规则闯红灯，有些车辆甚至会加速行驶；而在没有红绿灯的斑马线，如果有行人，车一般都会停下来让行人先行。

在法律范围内作出合法与否的判断是公共服务工作者的最低标准；把握好公共服务的度，做出的行为不仅符合法律的规定，而且能够客观、适度、合乎情理，才能满足现代社会公共服务的要求。我知道荷兰有个监督机构，叫做 mbudsman，它的监督范围不仅包括行政行为是否合法，还包括行政行为是否合理，比如，法律规定批准某个事项的法律时限为 30 天，相关行政机构对于几乎所有人都用了 10 天就履行了行政行为，唯独对于某个人是 30 天，那么这个人就可以以行政行为不合理为由向该组织提出申诉。试想，连这样的事情都能够得到解决，当事人当然不仅“口服”，而且也会“心服”，很多对政府的不满就这样被制度消解了。

二、较高的宽容度——一个心态健康的社会

中国人有句老话：“恨人有、笑人无”，这句话在德国好像并不“流行”。无论你是否有权、有钱都与我无关，犯错误别人也不会嘲笑和歧视你。我曾看见有人逃票被抓，这里要介绍一下背景，像欧洲多数国家一样，德国的地铁与城铁无人检票，但会有人在不固定的时间查票，如果查到没有票将会给予票价数十倍的罚款。这种随机性的惩治必然

会使一些人心存侥幸心理。法律并不能也不准备时时处处发挥作用，只要能够在大多数人身上起作用即可，并且一旦违法，无论是谁，都可能被随机性而不是选择性地查处，那么就可以说达到了一种较优状态。有人逃票并不奇怪，恰恰说明作为人类，本性都是一样的。奇怪的是竟然没有一个人“伸长脖子”去看，甚至连抬头的都没有，似乎这件事根本没有发生，这着实让我惊讶不已。

偶然的机会我路过一所学校，旁听了一节初一孩子的课。这节课讲的是美国的三权分立政治模式，讲得十分详细。严格地讲，德国体制与美国体制有很大不同，但老师并不介怀讲授美国政治制度设计当时是如何考虑的以及相互制衡的优势与劣势，学生的思维也是发散性的，学生们自己去思考、去比较哪种模式更好以及为什么。德国的教育和许多发达国家一样，讲知识，然后培养独立思考的能力。当然这种教育的变化也有个过程。我曾经读过一本英国人写的书，叫《众生之道》。书中十分详细地描绘了英国19世纪宗教势力影响下僵化教条、扭曲人性的教育以及由此产生的恶劣后果。我国的教育体制正在朝素质教育方向努力，在这个过程中我们看到极少数教师还没能适应素质教育的需要。如，学生在考试中，对于“三国最聪明的人是谁”这一问题，只能回答“诸葛亮”，回答“周瑜”“司马懿”“庞统”甚至“孔明”都是错误的。回答“《背影》中最喜欢哪句话”这个问题只能是上课时老师讲过的那句话，等等。这种教育模式不仅会束缚中国人的创新力，更会影响国民的整体判断力和政府正确决策的执行力。

当然，宽容并非无止境。2011 年初，德国媒体几乎天天都在关注“国防部长古滕贝格博士论文抄袭事件”。古滕贝格在接受议会质询时辩称，博士论文写作时他在议会边工作边写论文，加上组建家庭不久，身挑工作、学习、生活等多副重担，论文写作确实不够严谨，“确有错误”，但否认抄袭论文。然而，面对古滕贝格的辩解、道歉、放弃博士学位，民调结果（一家调查机构的民调结果显示，73% 的受访对象认可古滕贝格作为国防部长的表现）以及总理默克尔的支持都没能抵住舆论的压力和诚实信用的社会公平底线，古滕贝格最终不得已而辞职。不管什么原因，繁忙的德国部长因博士论文抄袭而下野，在我们看来还是个新鲜事。

三、衣服挂树梢——一个争当好人的社会

生活中的许多细节往往能够看出人的道德素养。我的孩子9个月大时来到德国，有一次将衣服丢在了路上，回去一找竟然被人挂在路边的篱笆上。虽然我住的这个居民区有很多孩子，家长不去捡别的孩子的衣服也很正常，可是路人担心小孩子的衣服被风吹走或被他人不小心踩到而挂在篱笆上却令人敬佩。我曾经在路上看见过衣服挂在路边还不明所以，直到自己孩子的衣服丢了才弄清楚这么做的真实目的。

德国人通常有为后面人扶门的习惯，我推车带孩子去逛街，前面一个似乎刚刚学习“轮滑”的人早已经走过了那扇门，回头看我推着孩子，竟然跌跌撞撞地又回来给我开门。

我曾在德国波恩住过一段时间，在波恩的超市门口，很多箱包不方便拿进超市就放在外面，不知是东西不值钱不怕丢，还是不会丢。我想主要还是后者，因为在其他一些国家，即使不值钱也早就被“三只手”盯上探寻一番了。我们不禁要问：什么原因使德国人如此？是他们生下来就素质高吗？

四、有效监督和合理发泄——制度的力量

德国的自然环境保护得很好，问题是企业和公民为什么愿意为环境付出那么多，甚至不惜损害经济利益？根据德国的法律，企业必须为污染环境负担高额的费用，如果污染严重，这个企业的税负足以使其无法生存。当然如果能够大幅度缩减污染甚至低于欧盟标准，企业还可以以出售的方式获得经济利益。我们看到的是老百姓都自觉对垃圾进行分类，殊不知，如果不分类，垃圾将不被运走，那对生活的影响将是不可想象的。久而久之，人们通过制度的引导形成了这些习惯，换句话说，习惯是长期的制度惯性形成的。

洪堡曾组织我们拜访德国环保部，一个署长接待了我们。他向我们介绍说，德国是个联邦制国家，各地环保部门负责监督环境污染问题。同行的一个老师问，如果地方企业老板和环保部门领导是朋友，这个监督如何保证？我们得到的答案是“他们肯定有朋友是企业的老板，也包括污染企业。但是他们不会因此而不予监督，因为如果这样，下次民众就不会选他们了。他们不会因友谊而损害自己终生的事业”。人的本性是一样的，监督发挥作用了，效果自然也就好了。看来，所谓“寻租”“吃拿卡要”，还是因为风险过低而收益过高，为百姓服务好需要切实的民主监督才行。

在波恩学习德语的时候，我的德语老师很不喜欢德国现任总理默克尔，她也不喜欢东德人。上课时她经常说默克尔的决策错误，但问及她是否会反抗现任政府时，她很肯定地回答不会。她说，她会继续呼吁大家选举的时候不选择默克尔及其党派。毕竟没有政府可以让全体人民满意，只要能够保护大多数人利益，防止少数人利益遭到不公正的待遇就是较好的政府了。从人类历史上看，不可能找到完美的政府，选举制度使人们有机会发泄自己的不满，防止累积的愤懑演变成为暴力性的变革，这也是十分重要的社会稳定器。

我在超市里看见一个妈妈领着从 5 岁到 10 岁不等的三个孩子在交款。每个孩子都从自己的钱包里拿出钱负担自己想要的玩具。他们分别挑了几件便宜的玩具。一旦从“妈妈的”变成“自己的”，一旦把责任交给每个人的时候，即使是小孩子，也懂得考虑效益和珍惜自己的东西。

我们从小接受的是“孔融让梨”式的教育，把大的留给别人，小的留给自己。这就完全依靠分蛋糕的人的德行，但这与市场经济中人的本性是相悖的，在现实中这么分的人越来越少。而发达国家则设计一个制度来分蛋糕，切蛋糕的人后选蛋糕，这既避免了不公平，也不影响分蛋糕和选蛋糕的人的德行。我们许多人在遭遇到不公平时期待于“告御状”，期待“海瑞”“包拯”再现，如果这一途径无法实现，就寄希望于“路见不平一声吼”的“梁山好汉”，甚至于“哪里不平哪里有我”的“济公”等超自然力量。而发达国家则用独立的司法制度来作为明确固定的判断方式，社会判断标准统一完善，社会公平了，人的心态也就趋向健康了。

我在柏林机场退税时曾遇到一件特别可笑的事情：一位国内来的女同志想要插队退税，并解释说她是公务人员并手持公务护照。当然她绝对不能代表全体公务人员，但是显然在极少数公务员中确实存在一些特权思想。在规则社会则没有特权，任何人在规则之下都是平等的。成熟的制度模式使德国成为一个我们眼里的发达国家，一个规则的社会。从规则社会中得到好处的是所有公民而不是个别人。德国人已经享受到规则社会带来的巨大好处，因此十分痛恨那些破坏规则的人，一旦有人不遵守既定规则，小到乱扔垃圾，大到违法犯罪，经常会有人主动去批评和制止。明确的制度规则为包括执政者和普通民众在内的所有人提供了确定的社会地位、角色和行为模式，使人们能够较快地适应社会生活，从而避免了个人与社会出现的大量矛盾和冲突。同时规则还以明确的方式调试了人际关系，充分发挥了社会组织的正常功能，清除了社会运行的障碍，建立了正常的社会秩序。实质上也就是实现了亚里士多德所谓的“法治社会”的两个要素：法律获得了普遍的遵从，获得普遍遵从的法律是良法。这种以法治规范为核心而形成的社会秩序再通过不断积累、沉淀、继承与扬弃，使之世代沿袭与发展，并在空间上得到进一步普及，久而久之就变成了人们的信仰和习惯。

形成素质差异的主要原因不是经济水平和发展速度，更不是人种的不同，只是他们较早地认识了民主与宪政带来的好处，并采纳了适合本国实际的民主宪政模式，通过日积月累，从而将人逐渐引导、规范、塑造成了“好人”。可以说，是民主与宪政培育了优良的人性和民族。

李勇:《德国见闻录》,《法学家茶座》2012年第3期

澳门见闻录

2017年3月底我到澳门讲课，结合与学生的交流研讨，以及在澳门的所见所闻，以管窥之，择其所长，分享给读者。澳门是中国领土不可分割的一部分，澳门人也是中国人，从国人那里更容易获得经验，为我们所用。

澳门，全称为中华人民共和国澳门特别行政区，人口50余万，与珠海、香港对望。澳门是一个国际自由港，是世界人口密度最高的地区之一，是世界四大赌城之一，也是赌博与文明、行车效率与行车礼仪、人多车多与拥堵不严重、游客较多与市容整洁、政府稳定与人民自由、西方文化与传统文化并行不悖的“奇特”城市。

澳门博彩业十分发达，以我们一般的理解，既然经济以博彩业为重要支柱，那么一切都应该给它让路。我们知道很多人喜欢边赌博边抽烟，但澳门明确规定，在室内抽烟要罚款600元，现在的澳门议会正在讨论是否应采取更为严格的禁烟措施，如吸烟室开关门的时间等细节问题，现在我们看到澳门赌场里面没有人吸烟。澳门在没有红绿灯的人行横道上，车是让人的，同样是中国人，他们的素质为什么“高”？在澳门，如果车不让人，最高可能罚到5000元。此外，在澳门会车时也非常有秩序，不像内地一些车会车时狭路相逢勇者胜。反观我们的交通规则要求，“应做到礼让三先：先慢、先让、先停”。但这种规定不但没有解决问题，反而增加了交通事故的数量。澳门则明确规定，辅路必须要让主路先行，否则要承担全部责任。德国交通法则规定，会车时要按照拉链式前行，否则未按规定的车辆承担全部法律责任。这样的法律具有现实可操作性。法律需要作出明确的权利界定，而非让人们自己看着办，或走入人民素质不高的“死胡同”。澳门人多车多，曾经一度拥堵严重，近来锐意改革，通过增设电动车、摩托车车道，增加停车位、停车费，加强停车管理等一系列方法，有效地缓解了交通拥堵。澳门游客较多，可以想象，如果每个人都随地扔垃圾，澳门这个小城将会有多乱。然而澳门的城市较为整洁，既源于环卫工人的辛勤劳作，更重要的原因是没有人敢随便乱扔垃圾，因为随地乱扔垃圾将会被罚款600元，这样的规定随处可见。我在吃饭的路上看到了澳门行政法务司司长陈海帆女士，周末不能用公车，更没有人陪同。当地人讲，即便是特首也不是高不可攀的领导，而是平易近人的路人，人们觉得这样才是正常的事，当地人感觉自己的行为言论都十分自由，除了认为房价上涨较快以外，上课的多数学员及问到的路人都感觉比较幸福。此外，我也非常感佩澳门中西交融的文化氛围，这边是大三巴，那边是哪吒庙，这边是圣母堂，那边是观音堂。兼容并蓄，以包容代替仇恨，取各自之所长，造就了今天澳门独特的景观。澳门的情况验证了我一直以来的观点，不是种族、民族、血统，而是法治，促成了社会的稳定、繁荣与文明。

我的孩子经常问我，人行横道是干什么用的？如果我的孩子出生得更早，或许也会问红绿灯是干什么用的。让人行横道发挥应有的作用并非做不到。当前，内地一些地方严格执行交通法规定，比如珠海等地，汽车已经在人行横道给行人让道了。中国社会的进步源于科学的立法、严格的执法、公正的司法。不过，我们也看到还有很多不文明的行为，如随地吐痰、排队插队、乱扔垃圾、噪音污染等，我们的立法都没有涉及。其中的原因很多，比如难以形成共识、立场、思维等方面的问题，但更有体制机制等结构化的问题。有的人或许会问，什么样的道德或者什么样的文明可以通过法律来管理？我曾多次在课堂上做过这样的实验：让我的学员或者学生想象自己就是人大代表，行使他们的立法权，并假设有摄像头，全国人民都能看得到他们的代议能力、立法能力和表达意愿，目的是让他们不要怠于行使这一权力。在这个基础上，请他们就两项议案是否能够获得通过进行投票表决。一是随地吐痰将会被罚款50元；二是小便尿不到便池里将会被罚款50元。有趣的是，这个实验的结果出奇的一致，第一项议案绝大多数人同意而少数人反对；第二项议案大多数人反对而少数人同意，同意的人中很多是女性。许多人经常纸上谈兵，尝试为哪些是可以立法的设定标准，而事实是，只要保证大部分人大代表是理性人，并有机制确保他们如果不能有效行使职权将不会继续成为人大代表，通过“好”的法律的概率并不低。因此我们讲，科学立法的前提是民主立法，一定要让利害关系人参与进来，否则就可能像那些女性一样，与我无关，严格要求一下你们男性怎么了？只要我们保障人大代表能够代表人民，并接受人民监督，就很容易制定出科学的立法，当然还需要有一些辅助性的制度，如维护宪法权威的制度等。可以说，功能的优化源于结构的优化，运用法治思维和法治方式，不断认识、纠正和解决现实中存在的问题，中华文明将会创造新的高峰。

国外城镇化立法的特点

通过制定科学而完善的法律体系促进和规制城镇化的发展，是现代法治国家的共同特征。这个法律体系包括了税法、环境法、房地产法、行政许可法等多个部门法，其中专门的发挥核心主干作用的是城乡（城市）规划法。世界上最早一部国家级城市规划法是 1874 年瑞典制订的《城市规划法》，它开创了城镇规划核心法的先例。当今各国城乡规划法的名称有所不同：德国称之为《建设法典》(Baugesetzbuch)，英国称之为《城乡规划法》(Townand Country Planning Act)，法国的第一部城市规划核心法称为《城市规划法》(Loi Cornudet)，日本的称为《都市计画法》，中国称为《城乡规划法》，等等。20 世纪 70 年代，欧洲城市规划专家达维多夫 (P.Davidoff) 提出倡导性规划运动。他认为“城市规划是公众和政府的一种‘契约’，这种契约是经过各方多次协调和讨价还价，在意愿和利益上达到均衡后，经过立法机关批准而形成的‘合法文本’”。在这种理念的指引下，国家在城市规划法方面表现出咨询、协商的特征，寻求沟通与对话，体现了民主、监督的原则，并确保政府维护的“公共利益”不受“特别利益”所左右。

这些年来，各国在本国的城市规划宣言法诞生之后，都经历了一个从宣言到更具体、更具操作性、更有利于维护各方利益的完善和修订的过程。特别是20世纪90年代，又掀起了一波城乡关系立法确认和改革的高潮。立法的核心逐渐发展为通过科学有效的程序使城乡规划合理与透明，体现出公权对私权的尊重，体现出对复杂性与矛盾性的协调，体现出民主协商的过程。这种程序设计主要目的是确保各个利害关系方都能够坐到桌前进行讨论，各方的利益都有所保护，也有所让步，既有利于维护社会的和谐与稳定，也极大地促进了城镇化的科学有序发展。

总体而言，城镇规划立法的特点主要有：

注重城镇化的全面协调和可持续发展。强调功能区划和规模经济在经济活动中的作用，主张降低交通、交易和信息成本，保护环境，倡导溢出效应的国际化,关注公共利益和私人利益间的平衡。近年来，无论是德国、法国等传统的发达国家，还是巴西、韩国等后发国家，其规划法都表现出这样的特征。法国《城市规划法》注明了这些原则：一是保证城市有序发展和城市改造间平衡，包括确定农业、林业的发展，保护自然景观和城市景观，遵循可持续性发展原则。二是保证城市功能多样化，以及城市地区住房和乡村地区住房的社会融合性。从发展住房、就业和公共设施的角度考虑，规划大纲确定城市扩展的城市化空间的大方向。还确定城市化地区接待人口的能力以及未来的城市化区域；同时，还要考虑就业、住房、交通以及“水资源管理”等方面的平衡。三是平衡、合理利用自然空间、城市空间和郊区乡村的土地。合理控制交通容量，保证空气质量、地表水和地下水质量，保证生态系统平衡，保护城市建筑遗产，预防自然灾害、工业灾害和各种污染。

突出政府规划行为的合法性和有效性。看重与地方民主相关的制度设计的作用，更关注管理者与被管理者间的联系。如英国规定，地方规划部门在制订、修改、撤销以及替换地方规划草案时，应确保充分的信息公开，采取听证会等民主形式，强调必须确保利害关系人的参与。德国《建设法典》对建设指导规划制订过程中进行公众参与的程序，也有着非常细致严格的规定，从决定制订规划，到具体制订、介绍和修改规划方案，以及最后立法通过，每个阶段都要通过公示、召开代表会议等方式开展公众参与，接受各方质询，并按照当地惯例公布结果。

倡导广泛的社会参与性。不仅仅是公众，其他利害关系方都应当被立法考虑，并将各自的利益展现在“桌面”上进行讨论。如德国《建设法典》不仅规定了详细的公众参与程序，还规定其他公共机构、相邻城区及其公共机构以及其他利害关系方都有权参加听证程序，在立法前，各方利益被充分讨论，达成彼此间的相互协调。

弱化审批程序。在许多国家，审定与其说是一项权力，不如说是一道程序。根据城市规划核心法，只有法定的建设控制引导性层面的规划，才能作为审定的唯一法定依据。也就是说，申请者和审定者在法定引导控制性规划面前是平等的，法定规划对申请者和审批者具有同样的法律约束力。如果城市建设项目申请符合法定规划要求，审定员不得随意否定申请。1991 年德国规划法修订后，更加强了法定城市规划的权威性，如果建设申请符合要求，审批者必须给予审定通过，否则，申请者有权按照规划法要求赔偿。20 世纪末，西班牙和意大利还针对规划法中规定的漫长编制和审批法定程序进行强烈批判，尤其对城市总体规划，要求有更多的弹性。

注重立法的可操作性和程序性。德国《建设法典》对开发中的补偿赔偿都做出了具体详细的规定，规定了补偿的原则、补偿的受益者和承担者、权利损失的补偿、其他财产损失的补偿、债的继承以及补偿的形式等。值得一提的是，土地征用补偿效果的好坏直接影响我国城镇化建设的步伐，甚至影响社会的和谐稳定。在农村土地征用补偿方面，我国与西方国家有很大不同，农民没有土地所有权，土地补偿的双方是国家和村民代表。当前，“村民代表”不能代表村民，是土地补偿结果不能得到村民广泛认可的主要程序原因。因此，像如此重大的、关系村民切身利益的事件，确保村民代表的合法性就尤为关键。要切实树立“没有正当程序，土地不得被征用”的观念，程序公平、正当、透明，公权力才能得到制约，做出的决定才能被较易接受。关于这一点，可以通过细化、科学化法律程序来实现。

发挥相对独立的监督机构的作用。尽量避免“谁监管、谁许可、谁查处”是监督制度设计的原则之一。英国中央政府不仅制定国家的法规政策，而且有权干预地方政府的规划编制和规划管理，并可指派督察员直接受理各地的规划上诉。其中，80%的申诉及复议采取书面报告的形式，更加快捷方便。法国为了加强对自然文化遗产保护和城乡规划实施的监管，设立了国家建筑师驻省代表处制度，代表处是法国文化与交流部向各省的派出部门，接受文化部、建设部和环境部的业务领导。代表处直接参与市镇按程序编制、修订、审核地方规划的各项工作。全国100个国家建筑师驻省代表处每年要发布60万条意见，包括对建设工程申请提出“强制性意见”或“非强制性意见”。这些意见在一定程度上约束了颁发许可证的权力机构（主要是市长）。在多数国家，法院还拥有最终的审查权。

强调环境保护。英国的《公共卫生法》《环境卫生法》《住宅与规划法》以及“绿带政策”等，对城市建筑和环境卫生进行引导和管理，缓解了“城市病”问题。德国《建设法典》明确提出城镇发展要遵守水、肥料、环境污染法律法规，并出台《联邦建设法》和《联邦建设促进法》，协调城市的规划布局，强调对生态环境和历史遗迹的保护。

体现时效性。城镇化快速发展带动城镇立法的快速发展，特别是在国家的高速发展期。城市规划法在许多发达国家都是修改频率较高的法律，如处于第二次世界大战后快速发展阶段的英国，在1947年《城乡规划法》设立后的30年时间内，议会先后进行了12次修订。德国的《建设法典》更是进行了多达几十次的修订。

李勇：《国外城镇化立法特点》，《银行家》2013年第2期

绩效考评无法替代民主评价

为保证执政党的各项决策落到实处，各地政府结合地方实际，设计了一整套绩效考评指标体系。这套指标体系在明确目标导向、助推社会发展、加强群众联系等方面都发挥了重要的作用。但是我们在肯定绩效考评机制积极作用的同时也应当正视其存在的问题。考评机制由于其考评指标、考评操作和考评效果等方面的缺陷，而无法全面替代民主评价机制。

很难科学设计考评指标。一是考评指标难以定性、定量。考评指标的文字描述有一定的模糊性，不易准确判断。比如有些地方的指标体系中规定："民意调查、听取意见、专家论证、社会听证、风险评估、合法性审查、集体讨论决定是重大行政决策的必经程序。"但哪些属于重大决策则是一个很主观的判断，因此各方经常在是否"重大"这一问题上扯皮。听取意见应具有广泛性，应听取所有利益相关方的意见，但事实可能是只听取了"路人"或"同路人"的意见，而这在指标体系中很难量化评估。二是考评指标很难面面俱到。虽然一个部门往往要在不同方面接受多个单位的绩效考评，繁复的考评使各级政府不堪其扰，但这些考评都难以涵盖该部门的所有业务，是不完整的，这种数据缺失的抽查式考评容易产生以偏概全的结果，无法正确评价真实的工作绩效。而对指标体系科学性的质疑正是绩效考评的最大软肋。

很难有效进行考评操作。一是考评过程难保公允。在实际考核中，由于各考核评价人员素质能力的差异以及偏误的存在，造成不同考评者的考核结果差异很大。考核者在进行评估时，会自觉或不自觉地出现各种心理上和行为上的某种偏向，使考核结果有失公允。实践中上级来考核，下级常予以接待，如果下级热情接待但打分很低似乎又让对方觉得上级不讲人情。受各种因素影响，实践中同一种类的考评分数往往拉不开，有时仅仅差了零点几分。二是弄虚作假在一定范围内存在。一些地方为了及时获得各项指标数据就必须采取下级上报——上级审核的模式，其中“忽悠”和“水分”也难以避免。

很难达到预期考评效果。一是考评结果可比性差。考核结果多为横向比较，即不同城市、不同部门的分数比较而没有纵向的现任和下任的比较，更没有竞争机制，没有形成足够的压力和动力，无法准确客观地综合衡量一个官员的为政效果。各个部门的业务也不相同，如老干部局和行政执法局的工作就有很大差距，以相同或类似的指标去衡量不同的部门缺乏说服力。二是考评并未全面调动和激发工作的积极性。对一些指标的片面追求导致政府忽视没有纳入指标体系或在指标体系中所占权重较低的工作，同时还造成一些官员工作动力严重不足，不愿发挥能动性办好事，既然多做多错，“惰政”成为越来越多人的选择。另外，当一个单位出现了重大事故被曝光就“一票否决”，这意味着这个单位的其他工作同时被全面否定，也打击了其工作的积极性。三是考评与问责结合不够紧密。由于考评机制无法全面准确科学地衡量官员的执政效果，因此很难有效设计问责机制、惩戒机制等跟进机制。“环保考核追不上官员升迁”正是这一问题的写照。而轰动性的案件作为偶然性因素成为追责的主要原因，这种情形下的问责多被认为是“躺着也中枪的倒霉蛋”，很难形成普遍的社会威慑力。

也有一些地方的绩效评价由两部分组成，一部分是上级对下级的考评，一部分是民众对相关部门的满意度测评。本来民众参与评价是好事，但这种民众满意度测评也存在很多问题：一是受经费人力时间等条件的制约，满意度测评只能适当选取被调查人，一般而言，少的只调查几十人，多的调查几百人或上千人，其中还有很多是政府的关系人，这与整个民众整体相较，样本显然不够科学。二是测评主要是看百姓对政府工作满意与否，而受调百姓往往受一时的心情或政府做法的影响，就可能做出不一样的判断，随意性很大，很难成为科学依据。实践中排除政府干扰的独立调查机构所调查的百姓满意度指数往往很低，与政府自我考核的结果形成鲜明反差。

考核的根本目的是确保政府和干部为人民群众谋福利，督促其做到“权为民所用，情为民所系，利为民所谋”。官员是人民的公仆，是行使人民权力的代理人，因此对其评价的主体应当是广大人民群众，而不仅是上级机关，这才能客观、真实地反映政府的工作效用。执政者的自信正是源于民众的信任，没有民众的广泛支持，就不可能有良性的社会管理。

总体而言，当前绩效考评机制收效甚微正是因为其无法准确判断民意，民主性不足造成的。民主是办坏事必须承担责任的机制，是办好事持之以恒的动力，是官员执政信心的来源和合法性的根基。民主评价机制不需要全面定量定性，因为它在执政者与人民之间确立了一种牢不可分的天然联系，无论愿不愿意，都被捆绑在一个利益共同体中。民主评价机制不是一时一事的评价，而是一个固定时间段对政府活动效用的综合性评价，并直接决定执政者的去留，这显然比一事一议更符合社会管理的规律。“党内民主是党的生命”，是平稳实现人民民主的前提，是提供各级政府良法善治动力的主要抓手，是当下协调各方利益的有效措施，提前抢占民主的高地对于执政党而言利大于弊。当然在充分的民主评价机制没有建立前，绩效考评仍是个办法。但应当认识到绩效考评机制只能是民主评价机制的辅助补偿机制，而不能替代民主评价机制。

李勇：《绩效考评无法替代民主评价》，
《学习时报》，2013 年 9 月 10 日

SECTION 12

法治是系统化的思维习惯和行为方式

解决问题，要有四问。一问：源头是否有失？也就是制度上有没有漏洞，激励是否有效？惩罚是否有力？二问：执行是否能够形成普遍的预期？也就是执法后是否对人们起到了普遍的规范作用。三问：裁判者是否给人们形成了公正的印象？四问：是否促进了法治意识的形成？

法治思维是一种系统化的思维习惯。在日常的制度制定中，我们会发现，制度设计没有“一招鲜”，制度设计中也几乎没有“全垒打”，几乎没有制度能够设计成全是好处、没有一点问题。因此理性的制度设计只能说两害相较取其轻，两益相较得其重，寻找到一个利益更大化的选择。观察社会现象可以有四问：第一问，源头是否有失？也就是制度上有没有漏洞，激励是否有效？惩罚是否有力？第二问：执行是否能够形成普遍的预期？也就是执法后是否对人们起到了普遍的规范作用。第三问：裁判者是否给人们形成了公正的印象？第四问：宣传是否促进了法治意识的形成？

举个例子，许多城市纷纷“禁摩限电”，引导人们遵守包括交通规则在内的规则是好事，现实中摩托车、电动车不按照交通规

从 2016 年 3 月 21 日开始，号称史上最严厉的“禁摩限电”集中整治行动在深圳开展，该行动重点打击在地铁口、公交站点、口岸和商业区等聚集非法拉客违法行为。

则行驶确实产生了很多交通问题，但不能没有出事就放手不管，遇到事就全面禁止，这不是法治的思维习惯。这种做法简单但粗暴，一般无法长期实施，因此通常都与运动式执法相伴相生，搞一阵，以后大家又都随便了。这种做法不但不会达到预期的目的，影响社会经济发展和人们的幸福指数，更为严重的是给了人们一种认知，法律原来也就那么回事，这是非常坏的结果。不相信制度人就会没有规则意识，办坏事没惩罚，办好事没激励，人会变好吗？我当时写了一篇文章叫“依法治国不能在禁与不禁间徘徊”。拿在这里想说明，即便是解决摩托车、电车这种小问题也需要一整套系统工程。首先政府认同电动车销售，就意味着电动车是可以使用，可以上路的。毫无疑问，电动车应当走在自己的小路上，而不是随意上机动车道。然而，很多地方没有自行车道、电动车道，显然，我们不能让这些人骑一会儿，再扛着车走一会儿。因此，第一，我们得首先确保有路，要科学设计、划定道路，让人有路可行，这是前提。有些地区在立法、执法上也出现一些问题。比如，我们都知道停车位置有限，个别地方为了保证停车入位，避免影响交通，制定了严格的管理和罚款的制度，到了晚上，回家没车位就挨罚。我们说，这就不太合理，首先要有出口意识，要让人有车位可以停。其次才是严格执法。我觉得，在没有建成停车楼或者其他更充裕的停车位之前，可以在一些晚上不太有人走的路段设置一些临时停车位，晚上 10 点到早上 6 点允许停车作为权宜之计。还有些司机上厕所停在厕所旁边也要被罚，这样的地方其实可以设计两三个停车位，并限定停车时间，这样才是源头思考的治理方式。制度设计好了，如果有些骑摩托车、电动车的人有自己的路不走，就愿意走别人的路让别人无路可走，那么对这样的人要严厉处罚。有必要在广泛参与的基础上规范“摩电”，设计好这个惩罚的力度。第三，有的交警说，我们人员有限，查不了这么多摩托车、电动车。其实，法治的状态很难做到有违法必究，但也不能搞一时歇一时，而是随机性执法，交警执行公务时看到了就罚，时间一长，人们就明白无论在哪儿，违反交通规则都有可能被抓。社会形成了这种违法就可能被抓的预期，违法事件就会大量减少了。第四，要给这些车辆发牌，发牌不是为了限制数量，而是便于追究责任，利用好电子眼也会形成有效的震慑。第五，还要借助好媒体宣传，还是那句话，办坏事的成本小、收益大就意味着是鼓励，因此遇到交通违规，我们的宣传不应该是对这个人的谴责，而是告知全体大众，这个人会受到什么样的惩罚，为未来不再发生此类事件做铺垫。以前看到过一篇报道，说四个司机，只有那个讲规则的司机在红灯路口停下来被大货车侧翻致死，这篇报道既缺乏社会责任感，也没有把事实的全部介绍出来。那个并线引起大货车侧翻以及超速的大货车司机都会承担法律责任，而不能单讲那个守法的司机被压死。在这起没有遵守规则的事件中没有赢家，这才是全部的事实。中国正处于社会转型期，各种思想驳杂，媒体起码要把全部事实介绍出来，让人们明白“法律不是吃闲饭的”，进而为法治成为信仰奠定思想基础。第六，还要做好教育工作，既包括对成人的交通教育，也包括对儿童的交通教育，娃娃从现在抓起还来得及，如果他们都做到了遵守交通规则，对成年人也是一个触动。

再说回来，即便是治理“摩电”这样的小事，也需要从立法、执法、司法、守法、宣传、教育等各个环节共同努力，才能较为妥当地解决。但千万不要有畏难的情绪，系统工程中的各个环节也是相互促进的，比如设计好道路治理“摩电”，交通拥堵也会得到一定程度的缓解。解决了黄座必让的问题，老年人等车排队也会成为可能。孩子从小接受公民意识教育，社会责任感、法治意识也会更好，法治国家的推进也会更顺畅。

法治思维和法治方式就是以公平正义为目标，制定并遵循科学的制度，顾及人们的普遍情感，有所作为，是让社会变得更好的思维习惯和工作方式。法治思维是用科学的制度解决问题的思维习惯，是既不任性也不认命的思维习惯，是系统化的思维习惯。

【延伸阅读】Extended reading

法治化处理拆迁矛盾

因拆迁所造成的社会矛盾成为当前中国比较多的矛盾之一。百姓认为“给钱不够，参与不足”；政府或房地产公司认为“百姓刁蛮，不断加价，给多少钱也不卖，甚至卖了又后悔”。双方站在各自的立场上互不相让。但是，拆迁矛盾不是个死结，通过法治的途径可以得到解决。涉及拆迁的法治基本原则是：第一，明确公共利益所包含的基本内容，防止诱人“浑水摸鱼”；第二，即便为了公共利益也尽最大可能不损害私人利益；第三，损害的私人利益以最大诚意予以补偿；第四，必须在复杂透明的公众参与程序制约下实施；第五，所有的权利都有公正救济的途径。法治化处理拆迁矛盾应着重关注以下几个方面。

一、在征收的前提——“公共利益”界定上下大工夫

房屋拆迁（除了违法建筑）以国家征收为前提；而征收又以“公共利益”需要为前提。现行各种法律法规对“公共利益”尚未形成成熟的理论标准，《国有土地上房屋征收与补偿条例》试图以列举方式界定公共利益范围，但“法律、行政法规规定的其他公共利益的需要”作为兜底条款又开了很大的口子。建议更加细致地思考房屋征收中所有公共利益的情形，排除其他可能。政府、公民和法院都基于这一标准认定是否属于房屋征收的范围，这将有助于从法律源头减少以“公共利益”为名的商业拆迁。

二、在规划而非拆迁上下大工夫

拆迁动的是公民最根本的“奶酪”——房屋，因此土地规划中应尽可能减少房屋拆迁。科学合理的规划应当是一个减少拆迁发生的规划。城市规划做得好的地方有个“问句规则”：拆迁还要规划师做什么？

也就是说城市规划设计中，能够绕开拆迁才是“帝王规划”。拆迁是最后的手段，不得不为，应更多考虑城市规划的科学性，尽可能把工夫下在规划上而非拆迁中。在这点上法律应提供明确的指引。从而走一条尽最大可能少拆迁的城镇化之路。

三、在公平合理的补偿标准上下大工夫

拆迁要求公平补偿，何谓公平有两种意见。一种意见认为是全面市场化，由市场决定；另一种意见认为，土地是国家所有或者集体所有，因此应当减去所有权人的土地价值后给予补偿。第一种意见由于无法准确评估市场价格可能造成的国家财产损失；第二种意见在实际运作中产生了很多矛盾，即便是为了公共利益的征收，百姓得不到合理的补偿他们也不会接受。因此两种意见实际上都因弹性过大而不具有操作性。遍观各国拆迁补偿，一点儿不出问题几乎不可能，但出现问题较少的国家的办法可以归纳为：补偿范围广泛明确，补偿标准科学可行，补偿方式灵活多样。核心是不让被拆迁的老百姓感到吃亏。具体做法是：

一是尽可能把拆迁补偿范围都以法律的方式明确下来，并将所有该补偿的都列入补偿范围。补偿除正常范围，还应当包括树木、石土、搬家租房，甚至周边影响、预期损失等。这些钱对于拆迁而言都是“小钱”，但给人的感觉十分规范，让人没话可说。

二是补偿的计算公式。究竟补偿多少为佳很难明确，给出一套细致的计算方法显然对于各地都是适用的。中国各地都规定了自己的计算标准，可从中选取较为合理的计算公式。全国统一可避免“眼红”和不必要的纷争。

三是灵活多样的选择。如日本的征地补偿方式除现金补偿外，还可采取替代地补偿、迁移代办和工程代办补偿等办法。我国比较成功的模式如广东“货币补偿与留地安置并行”模式，海南三亚、陵水的“主动拆迁与留物业安置”模式以及河北邯郸经济开发区的“长期生活补贴”模式等都不约而同地增加了替代方式。现在看来，实物补偿更容

易得到百姓认同。

此外，毕竟房产是多数百姓最大的一笔财产，为慎重起见，在房产的价格评估上，可以引用第四方、第五方的评估。即拆迁方所邀请的第三方评估如不能令被拆迁人信任，被拆迁人可以邀请第四方进行评估，如果评估差额巨大，处理争议的法院可以再邀请一方进行评估，并确定房产价值。德国就采取这种办法。

四、在民众参与程序上下大工夫

公民的全程参与是确保其利益免受不当侵犯的最佳途径。民众参与一方面增加了监督，另一方面“当了家就知道柴米贵”，可以在群众中起到一定的宣传作用。因此必须要通过法律详细规定公民参与的程序、以多种途径确保公民知晓并以最大诚意请他们参加。许多国家从城市规划开始就真诚吸引民众参与进来。在征地和拆迁中更是不遗余力广泛宣传、协商，真诚希望得到每个人的支持。信息公开是各国的普遍做法，毕竟“阳光是最好的防腐剂，路灯是最好的警察”。注重发挥舆论监督作用，引起公众对可能的腐败问题的关注。

在大型公共项目上可设立拆迁与补偿委员会或者协调小组，由政府主导，邀请被征收人和建设方，共同协商妥善处理，提出三方合意的征地补偿与拆迁计划书。

反对意见书面回馈机制是保证公民有效参与的重要方式。在规划和拆迁中公民不同的意见没有被采纳应书面告知其原因，一方面给予公民没有采纳的理由和依据；另一方面有助于真诚倾听不同声音，防范权力的滥用。

五、在司法救济上下大工夫

前面的工作下足了工夫，绝大多数人的利益就会有保障，最大限度地减少了社会的不稳定因素。但尽管如此，还可能会有人不满，有人“故土难离”。怎么办？一方面，具有内在正当性的拆迁不应因个别人的情绪而停滞；另一方面，要给他们救济和说理的地方。

法院较政府或信访部门而言是个不错的选择。第一，法院自身的中立性和相对小的危险性；第二，救济范围具有广泛性和示范性；第三，救济结果具有强制性和终局性等。它弥补了其他社会治理方式的诸多不足。法院的救济大门必须开足。无论政府对与错，法院都不能采取回避的态度，都要给当事人一个“说法”。从而切实发挥这一社会减压阀与平衡器的作用。

虽然上述办法会损害效率，但与后果相较是值得的。

李勇：《法治化处理拆迁矛盾》，
《学习时报》2013年5月17日

法治化化解医患矛盾

恶性“伤医事件”，总括医患纠纷发生的种种缘由，可谓复杂交织，要解决当前日益严峻的医患纠纷，我们认为应当以体制机制为突破口，以法治为保障，构筑法治化的医患关系，具体而言包括以下几个方面。

市场化的医疗竞争体制。当前，反映出的公立医院缺乏服务意识，以及和患者沟通能力不强的弊病，正是由于公立主导体制下公立医院缺乏市场竞争意识，加之信息不对称，导致群众缺乏对医院的足够认知造成的。因此，建立以市场为导向、有效竞争相结合的格局，是法治化处理医患关系的应有之义。这就首先要求，放开医生自由职业的禁锢，可以让医生自由流动，积极参与市场竞争，同时，畅通信息渠道，打造由市场规制的流动机制。

其次，政府“少”“慎”参与医院的资源分配，确保医疗资源市场化有效流动。政府主导下的医疗体制，在资源分配上易带有导向偏好和寻租可能，容易将有限的资源分配给实力较强的医院，这样的格局往往导致“强者更强”“弱者更弱”。格局的改变需要政府将主导权交给市场，通过有效的市场化来化解这些纠纷，这种有效医疗竞争氛围的形成是法治化解决医患矛盾的基石。

社会化的医疗保障机制。我国当前选择性医疗保险制度能够实现全民参保，但并不能实现对每个公民的真正保障，特别是农民，“看病难，看病贵”仍然是主要问题。对此，应该完善当下选择性医疗保险制度，在保有城镇居民基本医疗保险的基础上，提高城乡居民医疗保险和新农村合作医疗保险的报销比例，减轻其医药负担。同时，对商业医疗保险制度进行引进，使其作为传统医疗保险制度的补充机制，以促进整个医疗水平的提升。加快构筑社会化的医疗保险机制也是法治化化解医患纠纷的关键点。

中立化的调处配套机制。由于管办不分离，“公立为主导加行政垄断一体化”使得对公立医院缺乏足够的监管，没有客观中立的政府监管机构和监管体制，也就无法形成客观、中立、有效、专业化的监管机制。因此，有必要设立第三方独立的监督机构或调解机构来进行平衡，保障患者对医疗事故鉴定结果的满意度。此第三方机构应该拥有专业的医学界定团队，对种种医疗事故纠纷进行界定，且具有一般的权威性，保障其界定结果的有效性。而对不服机构裁决者则可向法院提起诉讼，保障医疗纠纷相对人合法权益得到充分实现。

同时，鉴于当下医患关系的紧张程度，医院自身还应该建立相应的事故风险防范机制和纠纷协商机制，保障医患纠纷“早发现，早解决”。此外，要积极改革现有的医院协会、医师协会等行业自律组织和专业技术团体，大力发展患者权益维护组织。引导行业协会和职业协会成为有效的行业自律和合法权益维护组织，并引导这些组织有序地开展工作，这是法治化化解医患纠纷的保障。

示范性的医疗纠纷解决宣传机制。传统解决方案，侧重于低调处理、以摆平为目的的方式，这变相鼓励了“医闹”，引发恶性效仿；而法治化的医疗纠纷调处机制，则意味着将公开化、透明化、合法化地处理医患纠纷。

为什么有的地方富、有的地方穷？是天气、地理、文化等客观原因，还是勤劳、懒惰等主观原因？从法治视角来看，对于同样一个地区来说，究竟走向富裕还是贫穷，上述因素都不是决定性的，真正的答案其实就在于在这些地方，宪法与法治赋予公民的人权和财产权能不能得到尊重，国家的各项责任能不能得到实现。前者是公民致富的动力；后者是公民致富的保障。现代国家责任包括保障与救济公民人身权利、财产权利，以及积极发展公共服务事业，按照公民年龄段而不是身份、职业与地位予以的民生保障，对公权力与私权利的行使都加以监督以确保其不侵犯其他公民权利。

李勇、胡业勋:《法治化化解医患矛盾》,
《学习时报》2014 年 5 月 28 日

精准扶贫的关键在法治

我国提出农村贫困人口到 2020 年如期脱贫的宏伟目标。2015 年国家统计局公布的国家贫困线（月收入低于 191 元）以下 18 岁以上公民有 7000 多万元。从法治视角看，一些无法摆脱自身贫困的地区，除了人们自身原因之外，往往也是由于当地公共服务、社会保障、法治建设的不完善。

第一，加强社会保障力度是脱贫的基础。习近平总书记指出，要正确认识和处理经济发展和民生改善的关系，实现两者良性循环。要通过发展经济、做大“蛋糕”，为持续改善民生奠定坚实物质基础，同时又通过持续不断改善民生，有效解决群众后顾之忧，扩大消费需求，为经济发展、转型升级提供强大内生动力。

政府财税主要花两部分钱，一部分钱用于基础设施建设，提高教育医疗养老等供给水平；另一部分用于调节经济和社会分配，让公共服务与社会保障相协调，成为国家经济社会发展的持久动力。

在社会保障方面，我国起步并不晚。第二次世界大战后，中国和日本都建立了单位（企业）福利模式，由单位（企业）为其工作人员提供生活福利，服务范围由“摇篮到墓地”，不同的是，中国是完全依赖单位，日本是国家与社会为主，企业为补充。改革开放之初，我国确定的“三步走”战略提出，到20世纪中叶，我国经济社会发展要达到中等发达国家水平。目前，发达国家将其收入的30%到70%用于公共服务与社会保障，而且直接花在人身上的社会保障支出，高于基础设施与公共服务支出。与之相比，我国直接给予公民个人的社会保障补贴非常之少。在民生保障投入力度特别是对公民个人保障方面，我国应当迎头赶上。

从反面教训看，一些贫困地区社会保障的缺失，不仅对缺少社会保障的公民有重大影响，对享受到社会保障的政府管理人员也有重大影响。为了避免自己、家人和亲属在当下和以后都不会陷入贫困，一些政府、国企管理人员想方设法获取工资以外的收入，不但不想尽办法减少经营管理成本，反而利用各种政策漏洞来“雁过拔毛”，选择性执行国家和上级颁布的法律法规和政策，获取更多的个人经济利益，导致一些本应造福地区的国家机构变异为漏洞百出的营私机器。

过去，一种观点认为，如果给予人民以保障，人民就失去劳动的动力。但这种观点从未得到过任何一个国家实践的检验。实际上，任何人都充满对世界探索的动力和开拓创新的勇气，也从不缺乏创造美好世界的能力和奉献精神，但正是由于缺乏社会保障，大多数人没有承担失败的能力，只能沦为低级体力劳动者。从长期来看，如果没有可持续的社会保障，不仅普通民众生存压力巨大，政府、国企各级人员利用国家机器来谋取私利动机也无法消除，社会活力也无法得到解放。从世界历史来看，伴随着对奴隶制、封建制、剥削压迫人的制度的否定，逐步实现对个体解放，才迎来了人类生产力解放的春天。

第二，尊重公民财产及其他各项权利是脱贫的动力。财产权没有保障，公民就没有继续发展生产、鼓足腰包的动力。无论一个人是否受到过良好的教育，他都是理性人，都有促成自己利益最大化的判断能力。因此，当他发现自己创造来的财产随时可以被人拿走，可以卖更多钱的土地和经济林木被政府以较少的补偿标准强制征收、征用或者砍伐时，即便个别人有“种粮养羊”的积极性，几轮发展下来，发现留到自己手里的还不如什么都不干，仅依靠扶贫款来得容易来得多，结果一定是把“粮和羊”直接吃了最划算。

贫困地区生产发展本来就比发达地区难度大，如果地方政府再雪上加霜，不但不想尽办法减少生产经营者的成本，反而“雁过拔毛”，对于劳动者来讲，脱贫致富就更加困难了。比如，有的地方渠水灌溉需要收费，而集体打的井不收费，但政府把井水直接引到渠水中进而收取费用，可想而知，当地脱贫必然难上加难。有的贫困地区一部分人手里有了一点钱，想要扩大再生产，结果审批的程序异常复杂和艰辛，使人望而却步甚至心生怨恨，导致“碗里有肉”之后反倒走向了社会的对立面，这些显然都不利于贫困地区实现脱贫。正如中央指出的，“市场准入限制仍然较多，政策执行中‘玻璃门’‘弹簧门’‘旋转门’现象大量存在，一些政府部门为民营企业办事效率仍然不高”。这些现象在贫困地区尤为突出。

公民保护自己的财产权来源于制度的有效供给。以我国农村为例，国家三令五申要求重大项目充分听取人民意见，要求发挥人民的主体地位，但实践中人民发表意见的权利或者被忽视，或者被所在地区的各个部门、村（居）委会、业委会等各种组织所代表，根本没有发表意见的途径和机会。一些村（居）委会和业委会的表决事项超越宪法和法律范围，以多数决定少数的形式，侵占了公民个人财产权利。从世界范围来看，民主的训练不宜于人员过少，太容易形成贿选，特别是我国农村一村有几大姓氏，很容易联合起来，侵犯少数人利益。因此民主选举不宜于在村委会这一层面，而应当是更高的层面，人数众多则不容易贿选，进而确保基层能够对下负责，对老百姓负责。

第三，进一步完善法治体系的脱贫的保障。精准扶贫，法律首先要精准。当前的法律体系还算不上精准，我们不能全都指望立法粗一点，让地方或者部门去制定细则或者执法者出于道德的考量做得好一点。如果分配利益的立法者都不愿意或不能够做出明确的利益衡量，而指望执法者毫无偏私地做出人们期望的行为，这在人类历史上从来没有普遍实现过。法律有句名言，叫做“无救济即无权力”。法律不能做出有效的利益衡量，不能设计出有效的救济措施，那么权利如同虚设，追责成为空话。扶贫，教育是基础，我国义务教育法明确规定，地方各级政府应当保障适龄儿童、少年在户籍所在地学校就近入学。但在一些贫困地区公民受教育的权利显然没有得到切实保障，辍学的人依然很多。那么，贫困地区公民的教育权利找谁来救济？这些年来的贫困救济款项都花在哪里？教育部门责任谁来追究？失学儿童由谁带回校园？这些重要的问题，法律都没有明确。党的十八届四中全会对畅通公民权利救济渠道提出要求。而要实现可持续脱贫，可持续地落实中央扶贫决策部署和法律法规，也要有明确的权利救济机制和责任追究机制，才能确保攻坚扶贫的政策举措落实到位。

精准扶贫，政府要受到监督。纵观历史，没能实现普遍减贫目标，一直与政府掌握的权力巨大且不可控密切相关，或者说对政府的监督制度没有设计好，政府权力滥用没有得到有效的制约是无法精准扶贫、无法普遍减贫的重要原因。既定的制度往往被“一言堂”所随意取代，制度的可预测性被经常性打破，权力成为寻租的筹码，责任和义务被看成权力予以实施，从近年来通报曝光的腐败案件看，扶贫领域腐败问题也并非少数。在“不想腐”“不敢腐”和“不能腐”的制度设计上我们还有很多文章可以做。“不想腐”既源于官员生活的有效保障，也源于人格尊严等各项权利的实现；而“不敢腐”则来源于反腐的决心、民众的监督能力和有力的打击能力；最难也是最管用的则是“不能腐”，它需要一个公开透明的环境、需要充分的简政放权、需要有效的分权与制衡的制度设计。

精准扶贫，法院要管用。精准扶贫，就是要让人们能够自力更生、自食其力，同时，在利益受损时，国家有制度充分保护公民的合法权益。制度的设计要使人们明白，他们的合法财产会获得司法的有力保护，他们通过奋斗而得来的合法收入没有人能够拿得走，他们通过自己的努力就会过得更加富裕、更加幸福。

李勇：《精准扶贫的关键在法治》，
《北京人大》2016 年第 7 期

乞讨者治理需法治化

走在大中城市的火车站、地铁里、马路旁，总能看见一些乞讨者，或口中喃喃，执碗乞讨;或残肢伏地，逶迤前行;或旁卧老人，磕头不已，甚至有人别出心裁，甘做沙袋，一拳十元。另一方面，乞丐月入过万，住宾馆，“打飞的”的新闻屡见报端。究其原因，城市中乞讨者有一些为“职业化”工作，利用大家对弱势群体的同情心，企图不劳而获，甚至“公司化”运作，成为被黑恶势力所操控的犯罪团伙。

对于广大群众来说，面对一个乞讨者，给钱可能被骗，而且还会诱使更多的人行乞，甚至自残或者残害少年儿童；不给钱又良心上过不去。对于社会而言，当人们没有办法确认是否应该给予乞讨者施舍时，实际上也在不断考验着人们的同情心，甚至损害整个社会的同情心。而乞丐群体，多为老人、小孩、妇女及残疾人等弱势群体，处于社会底层边缘，流动性强，不易管理。因此，加快乞讨者的法治化治理，既要保护其行乞权，又要打击其中的违法犯罪，而不仅仅是一阵风的运动式或驱逐式管理，才是解决这一个两难问题的根本办法。具体建议有以下几点:

完善社会救济救助制度。政府首先要以立法的形式保护乞讨者的生存权，保证乞讨者吃得上饭，有地方睡觉。要把乞讨者可以得到国家救济的情况通过新闻媒体使全体民众知悉，也就是让公民知道给不给钱都不会影响他们的生存，在我们社会主义社会饿不着，这样就不用再考验人们的同情心，有助于人们正确判断是否需要对乞讨者施以援手，防止变相鼓励乞讨。

保护未成年人权益。未成年人乞讨或携带未成年人进行乞讨的行为极大地损害了未成年人的身心健康。对于未成年独立乞讨的，有家庭的应救助返回原籍，没有家庭的应由社会福利部门收养；对于携带未成年人乞讨的，要予以严惩。《中华人民共和国未成年人保护法》

第七十一条明确规定："胁迫、诱骗、利用未成年人乞讨或者组织未成年人进行有害其身心健康的表演等活动的，由公安机关依法给予行政处罚。"笔者认为，当前要加大执法力度，同时对情节恶劣的还应追究相关人的刑事责任，这么做可以有效遏制不法者买卖儿童甚至残忍虐待儿童。

严厉打击骗乞及残害他人乞讨行为。儿童行乞对于儿童一生都会产生巨大的负面影响，不利于儿童乃至整个社会的良性发展。凤凰卫视就曾报道过一些乞丐头为了激起大家的同情心，把孩子的脚从小就用木板敲残，然后不给治疗，直到"流脓"以便有"更好的卖相"获得人们的同情而得到更高的回报。因此，对于采取欺诈、胁迫等手段骗取他人同情乞讨的，应按社会治安管理规定严肃处理，对于暴力残害他人的，应加紧取证，追究刑事责任。

限定行乞范围，结合城市管理，对行乞时间，行乞地点加以规定。行乞是个人生活方式自由选择，但是这种自由不能损害社会及公众利益，如早晚高峰时段，人流密集区域，不准行乞。

乞丐这种现象在古代主要是缺衣少食造成的，在现代社会则有一部分人是不愿工作或更倾向于选择这种生活方式，因此彻底消除几乎无可能。应促进乞丐这一群体形成行业内相互监督的良性自治状态。此外，也可以发挥其他社会组织，如慈善机构、社区、社会团体的作用。

加强宣传教育。既要加强对乞讨人的宣传教育，鼓励他们自食其力，自力更生，自立自强，也要加强对广大人民群众宣传教育，告诉人民群众乞讨人"有地方吃饭"以及乞讨背后的残忍犯罪行为，让人们做出恰当的判断。

当前，乞讨者的治理法治化迫在眉睫，法治治乞既有助于打击犯罪，又不用考验人们的同情心，是社会和谐和进步的一个重要表现形式。

任何国家解决问题都应是综合性的手段。

李勇：《乞讨者治理需法治化》，
《学习时报》2015年1月12日

发达国家和地区怎样监控工程质量

近年来，“豆腐渣”工程呈现易发、多发、短期发作的态势，有些工程甚至直接“胎死腹中”。工程质量问题不仅造成社会资源的巨大浪费，更给人民的生产生活带来隐患，甚至影响公众对政府的信心。工程质量问题的产生既有具体管理制度的原因，也有顶层设计的原因。转型期各国为了应对经济快速发展利益格局多变而体制机制来不及完善的情况，纷纷加大研究力度和弥补制度漏洞。而发达国家和地区通过几十年，甚至上百年实践探索，不断完善，形成一套完整的、可以自我调节、自我纠错的体制机制，解决工程中出现的问题。主要包括以下几个方面。

一、广泛的社会参与机制

公众的切实参与是解决工程质量问题的最有力手段。根据公民参与阶梯理论，政府操控，邀请活跃的市民代表做无实权的顾问，或者把同路人安排到市民代表的团体中；抑或不求改善导致市民不满的各种社会或经济因素，而求改变市民对政府的反映，教育公众遵守政府的决策，实现家长的权威。这两者都属于公民没有实质参与。为了确保公民能够参与并监督工程建设，发达国家从城市规划开始就真诚吸引民众参与进来。信息公开是各国工程建设的普遍做法，这种公开不是有选择地公开，也不是“悄悄”地公开，如德国的《建设法典》规定了公民全方位参与的形式，从初步规划编制草案的准备阶段开始，就通过各种形式，如报纸、宣传册、居民大会将必要性和规划目标告知公众。然后编制者与市民代表将编制的几套方案交由市民讨论。第二阶段在讨论方案中，市民通过展览会、座谈会参与讨论。规划部门将意见合并到规划方案中。第三阶段公布方案供市民参与和专家评议。最后规划确定批准。无论建议是否被采纳，都应正式通知当事人，并说明原因。同时，注重发挥舆论监督作用，引起公众对工程中腐败问题的关注。

不仅仅是公众，其他利害关系方也被立法或实践予以考虑。德国的《建设法典》不仅规定了详细的公众参与程序，还规定其他公共机构、相邻城区及其公共机构以及其他利害关系方都有权参加听证程序。韩国每年要召开3~4次“腐败关系部门协议会”。参会者是腐败多发、易发的政府部门和大型企业，由总统办公室和国家清廉委员会召集，国家反腐败机关列席，总统亲自主持，分析和讨论存在的问题，部署下一步的预防腐败工作任务。此外，社会团体的广泛参与也发挥了重要的作用。社团的声音更容易使政府“听见”，起到了公民与政府间的“中介”和“缓冲器”的作用。

二、公平的市场竞争机制

引入市场竞争机制是解决工程质量问题的前提。经济自由不仅带来发达的经济，而且有助于社会的廉洁治理。如果一个企业既是市场的参与者，又是市场规则的制定者、执行者，或者可以影响执行者或仲裁者，很难想象这个市场是有效的，也必然容易导致不公正、不稳定、不透明。资质垄断正是当前无法正常投标中标的重要原因，在一些工程上，能中标的干不了，能干的中不了标，层层发包致使利润摊薄，工程质量降低。确保市场主体的平等地位就必须打破垄断，切实实现政企分离，确保工程的招投标能够选择出最经济、最有效的公司。

在公共工程中，政府是投资方，但往往与实施者存在多重代理关系，很难有效监督实施者。大多数发达国家基于这样的考虑，充分重视发挥社会专业人士、组织和行业协会在建设市场中的专业管理作用，政府将监督的权力让渡出来，授权这些通过资质审核的非官方组织和机构进行监督管理，既精简了政府机构，又提高了管理的专业性、透明度和效率。

三、详细的立法监控机制

详细的立法监控机制是解决工程质量问题的关键。发达国家十分重视建设工程质量管理的立法和执法。一方面，通过法律手段加强建设工程的质量管理，调动社会各种资源提高建设工程质量。如法国《建筑职责与保险法》规定：凡涉及工程建设活动的所有单位，包括业主、设计商、承包商、专业分包商、建筑产品制造商、质量监理公司等，均须向保险公司进行投保。《建筑职责与保险法》还规定，工程项目竣工后，承包商应对该项工程的主体部分，在十年内承担缺陷保证责任；对建筑设备在两年内承担功能保证责任。保险费率根据建筑物的风险程度、承包商的企业声誉、质量检查的深度等加以综合考虑，一般要负担相当于工程总造价 1.5%~4% 的保险费。

另一方面，这些法规和制度能够得到比较严格的执行，关键在于政府能够以身作则，严格执法。发达国家普遍以完备的法律法规全方位遏制腐败，这些法律法规具有很强的针对性、可操作性和适用性，如财产申报制度中明确“禁止官员与有公务往来的人士或机构进行投资或从事任何业务”，明确规定人事任用的回避制度、限制公务员家属朋友从事相关营利活动、限制退休公务员从事经营活动，对公务员收受礼品和接受宴请、公务接待等也都有明确的规定。对这样的问题，立法的原则是“宜细不宜粗”，不吝笔墨将能够想到的尽可能规定到法律中。如香港知识产权署的《行为及纪律守则》仅对可能产生政府工作人员商业活动中利益冲突的情形就列出了 9 款之多。美国、俄罗斯、德国、法国、新加坡、芬兰等国对接受礼品价值、下属人员的款待的时间和地点等都加以详细、具体、明确的规定。这些深思熟虑的规定为有效防范工程中的腐败提供了明确的、具有可操作性的指引。

四、独立的惩治纠错机制

独立的惩治纠错机制是解决工程质量问题的保障。法律有一个最基本的原则，即“不能自己做自己的法官”。如果仲裁者和执行者有着千丝万缕的联系，就无法保证其不受干涉。即便中国古代历史上有“大义灭亲”的实例，但毕竟是极少数。因此避免“谁监管、谁许可、谁查处”是发达国家监督制度设计的一个原则。拥有监督权的机构，无论是欧洲国家的监察专员还是我国香港的廉政公署，确保其运行的独立性无不是其主要考虑的因素。毕竟主要的干涉来自政府，因此在财政人事上这些机构都保持高度的自治性。但不排除对于监督者的监督机制设计，如公民参与的委员会、投诉制度等。

无论代价多么巨大，有错必究是惩治机制有效运行的基本特征。在香港的“圆洲角短桩案”中，调查发现，两栋已分别建至 33 及 34 层高的公营房屋，其 36 支桩中 21 支桩柱比指定的标准短，因此将两幢楼宇拆卸，此举令房委会损失公帑约 6.05 亿元，该地后改建为休憩公园，相关责任人员被追究。虽然损失巨大，但这一行为在社会上产生了轰动效应，也对此类案件产生了巨大震慑作用。随着世界一体化加速，一些国家的跨国反腐法案纷纷出台，也促使大企业严格要求自己。如全球五百强之一的福陆工程（flu-or）公司规定，“不得腐败是强制性命令，没有员工会因为拒绝支付或接受贿赂而遭受不利的结果，即使拒绝可能导致公司损失生意”。

此外，监督机构还发挥了重要的漏洞弥补作用。如荷兰监察专员每年对一年来的工作进行分析，一旦发现制度漏洞及时建议纠正。德国有专门的反腐败工作小组，负责分析国家机关内部的薄弱环节，针对这些环节制定相应的措施，改进标准和制度。

五、有效的决策评价机制

有效的决策评价机制是解决工程质量问题的动力。在工程问题上让公众参与，信息公开、多方会商、市场主导、权力让渡、严惩不贷、充分教育说起来很容易，但政府，特别是地方政府的动力何在？对于政治家而言，能否继续当官或者升迁是其动力源泉。如果能否当官取决于上级，那么上级的有效评价体系就很重要。当然建立科学的评价体系并不容易，而且前提是评价所反馈的信息真实准确。如果能否当官取决于民众，那么取信于民众就尤为重要，民众作为日常的生活主体，更容易看到不公平不合理的现象，官员为此也会更加“爱惜羽毛”。这对于“舍民生而求政绩”的工程，会有一定的制约作用。人的才智是无限的，如果提供持之以恒的不竭动力，相信必将会有更多符合实际的办法出台。

李勇：《发达国家和地区怎样监控工程质量》，
《学习时报》2013年4月22日

13

法治看得见，幸福就能摸得着

习近平同志指出：“如果宪法受到漠视、削弱甚至破坏，人民权利和自由就无法保证。”“任何组织和个人都必须尊重宪法法律权威，都必须在宪法法律范围内活动，都必须依照宪法法律行使权力或权利、履行职责或义务，都不得有超越宪法法律的特权。”

鲁迅曾抨击中国人的劣根性，诸如见到权贵的奴性心理，只有活着才是最高目的狗苟心理，“各人自扫门前雪，莫管他人瓦上霜”的旁观心理，以及精神胜利法，狭隘保守，故步自封，等等。但这些所谓的劣根性是中华民族与生俱来且不可更改的吗？

“劣根性”归根结底，是长期的压制型社会资源匮乏、规则缺位、救济无效、无处发泄而促使理性人形成的一种自我保护的策略。在漫长的专制社会，“听话”往往是暂时利益最大化的选择并深刻印刻在一代又一代人的记忆之中。在古代社会里，能活着已是不易，更别提有尊严的幸福生活。国家的公立救济往往不好使，司法机关与行政机关合体，无法有效解决公民对于来自权力的侵犯，抗争的结果往往是身败名裂，又没有其他的发泄途径，莫不如精神胜利求得一时之安慰。社会无法形成公平公正公开的氛围，“管闲事”往往容易“落不是”，国家、社会与个人的利益没有挂钩的机制，人们没有动力和能力管别人的“闲事”。社会还没有习惯遵守普遍性的规则以及感受到形成规则后所带来的利益。更多的是，制定规则者不遵守规则；遵守规则者不参与制定规则。因此，遵守规则往往被看作是没能力的表现，有权的使用特权，有钱的花钱，没钱的靠抢才能得到某种不该得到的利益，争抢正是资源匮乏、规则缺失后最理性获得资源的方法。加之农业社会本身的不开放性和国家有意识地阻止多元和开放，人们渐渐地形成了所谓的“劣根性”。

但压制型的社会既非稳定型社会，也非幸福和效率社会。压制性社会无法避免历史周期率。在那个时代，拥有权力、追逐权力往往是大部分人的追求。毕竟得到权力就意味着得到特权，可以享受与大部分人不一样的人格尊重和得到不公平的利益。不过我们也注意到，在那样的时代，无论高层还是底层，人们要么被权力压迫而痛苦，要么为攫取权力或维护权力而备受煎熬。这样的社会既无效率也无幸福。可以说，社会上的大部分人通常都只是权力的附庸，而不是为自己“生活”。特权意识所滋生的机会主义，使人们发现万事“赶早不赶晚”，“会哭会闹才有奶吃”，整个社会就会焦躁不安、急功近利。拥有权力的人随意地行使权力，人们得不到人格的平等和处理问题时的公平对待，生活得不舒心，大部分人就没有那么强的社会责任感。

“劣根性”是过去那个时代的产物，不是哪个民族固有的，更非不可移除。改革开放以来，国人已不再是见到官员退避三舍，特别是“八项规定”实施后，“官老爷”的作风得到了明显改变。可见不是不能变。当然，我们看到生活中还有一些现象让人感到不满或不安。比如随地吐痰、不愿排队、到处争抢、“和稀泥”的执法或判决，等等。治理体系和治理能力的现代化能够解决“劣根性”的问题。

民主是社会责任感的前提，是相互合作的基础。生活中，我们看到很多人随地吐痰，但一般人不会在自己的家里随地吐痰。人们感受到家是自己的家，也要让人们深刻认识到，国家也是自己的国家。自己或者代表是规则的制定者，规则能够反映自身的利益，于是便促成了人的社会责任感。历史上，人们把眼睛都盯在拥有权力的人身上，因为只有他们才是资源的分配者，而唯有媚上才能获得最大的利益。而身边的人的利益考虑与不考虑、尊重与不尊重都没有关系。媚上者必压下，人的尊严是个很奇妙的东西，总要找回平衡。而层层压下的后果到最底层，没人可压，就可能采用精神胜利法或形成互害社会。民主让人们不再像历史上那样，随着大量自治性团体的出现，每一个人都拥有自己的权利与声音，只有相互合作才能达到目的和获取利益。

人类的资源永远是有限的，资源分配合理，会消解一部分不满。但人们仍然会追求特权，希望得到更多资源。闯红灯有什么坏处？被撞到的概率极低，车绝对不敢故意撞，因为司机也要承担责任，闯红灯成本很低，而收获了时间和效率。有什么理由不闯？随地吐痰怎么了？既节省了纸又省了事！为什么要排队？耽误自己的时间！所以，有科学的规则特别重要，科学的规则让人们做出明确的利益衡量，促使社会文明更加文明。吐口痰包在一张纸里会节省很多成本，人们自然不会再随地吐了……当规则变成铁律，人们渐渐习惯并感受到利益，就会发现许多事情不需要着急，因为规则已经明确了，合理的事情就是能办，不合理的事情抢也办不成。当然，制定的规则要科学特别重要，规则不能成为制度设计者刁难他人的手段，故意“强人之不能，禁人之必犯”，进而有选择地进行利益交换。这不但不能形成法治思维，反而会进一步虚化法治。因此制度设计者一定应当接受某种形式的监督和约束，既包括制定过程需要相关利益人的参与，也包括其他程序的约束和多种形式的监督。如果大多数人在制定制度或形成多数意见后要求执政者只顾及自己的利益，不考虑国家和社会长远发展怎么办？这就需要司法机关甚至合宪性审查机关有条件对此进行判断，综合进行考量，把社会危机纳入规则的轨道并予以化解。

即使运用法治思维和法治方式，解决劣根性的问题还需要一段时间。在这个适应期和过渡期，不仅仅要从制度上着手，也要重视孩童的教育。我们经常听说“一个中国人是条龙，一群中国人是个虫”。在德国，每个刚入学的孩子都会有一个更高年级的孩子与之为伴，并带他们熟悉新的学校和环境。大学里也经常要求集体完成某项任务，各司其职、各尽其能。这样做既激发了人相互关心的天性，也让人感受到了合作能够创造更大价值的道理。此外，从小进行过马路不闯红灯、垃圾分类等现场教育，效果也很明显，当孩子都做到了，对成年人也是一个触动。劣根性随着时代向前发展，认识不断深入，正在离我们远去。

做到既生机勃勃又井然有序的法治状态，需要保护那些人之为人的权利，认可并发展它，人民的幸福感就会增加，社会就会更加稳定。历史经验表明，民主促进了社会的责任感；平等保障了人的尊严；自由激发了社会的创造力；公正维护了社会正义感；秩序保证了社会规范性；市场提高了经济的效率；财产权推动了经济发展……正如英国政治思想家霍布豪斯所言，“社会越是牢固地建立在自由和自愿同意的基础上，就越是能自由地取得一切成就”。促进和维护这些社会主义的核心价值观，既是社会主义市场经济的内在要求，也是现代治理方式的必然选择。

法治不会无缘无故成为人们的信仰，只有它能够较为公正地解决我们身边的纠纷并持久发挥效力，逐渐调整人们的习惯，才会逐渐变为信仰，反过来又促成一个政治清明、社会稳定、人民幸福的社会。

法治思维和法治方式不是多么神奇的“玩意儿”，其实就是我们的“初心思维”。电视纪录片《长征》中介绍过红军在路过彝族村寨时，当地少数民族不知这支军队是否是土匪，都逃到了山里。红军一个小战士在烤红薯时点着了一些木制的房子，红军在这些房子前面留下了3—5块大洋作为赔偿（不低于房子的价值）。当地老百姓看到后都称赞红军是仁义之师，是老百姓的部队。可见，得到老百姓的认同，在于不与民争利，在于按照公平的原则办事情，老百姓感受到了，权威渐渐就会树立起来，信仰也就逐渐形成了。所以法治思维就是一种初心思维。

我们要承认两个事实：一个是中华人民共和国成立以来所取得的成就举世瞩目，有目共睹；另一个是目前中国还是一个发展中国家，仍存在许多问题。看到成就，能够增强自信；解决问题，社会才能不断进步。我出生的那一年，中国共产党领导中国改革开放，不到40年，中国经济从我儿时买什么东西都需要凭票供应到今天物资极大丰富，经济总量跃居世界第二。改革开放，归根到底，是把中国人的积极性调动起来了，而法治的实施，将进一步突破中国发展瓶颈，整合多元利益，调整市场经济带来的问题，再次更大幅度地调动人民的积极性。

我在德国访学，看到今天的德国人不疾不徐，随处排队、产品品质要求高等情形，想到一百年前的德国被看作是次品的制造国。根本原因，是进入民主法治的社会，权力不再那么重要，也不能那么任性，公民的权利不会被包括立法在内的任何权力所随意侵犯，越来越多的人开始恢复本真，不需要都成为政治人，开始把工作和生活分清，开始不玩虚的，集中精力干好本职，开始寻求生活的真谛，开始享受生活，开始热爱自己生活的土地，开始热情包容地对待身边的人……所以说，民主法治与人们的幸福紧密相关。

当然，中国社会转型还面临着一些挑战，至少还要完成三个历史性转变：由熟人社会、遇事找关系逐渐向契约社会、遇事按照规则办转变；由国家权力至上、人人朝着金字塔尖拼搏逐渐向公民权利至上、社会多元、共同治理转变；从相信经验、迷信古人、感性思维、道德立国逐渐向相信科学、着眼当下与长远、理性思维、依法治国转变。

“国无常强无常弱，奉法者强则国强，奉法者弱则国弱。”中国是世界上最大的发展中国家，正在朝着社会转型和现代化，实现中华民族伟大复兴的中国梦大步迈进。在以习近平同志为核心的党中央的领导下，全面深化改革的浪潮正在也必将更加深刻地改变中国社会。运用法治思维和法治方式面对人民日益增长的美好生活需要，着力解决发展中的不平衡不充分的问题，更好地推动人的全面发展、社会全面进步。让法治看得见，幸福就能摸得着。